MI CONDOMINIO MI HOGAR

El secreto para lograr una comunidad segura y feliz

Gloria M Fagoaga

MI CONDOMINIO MI HOGAR, El Secreto Para Lograr una Comunidad Segura y Feliz

Ilustrado por: *Ana Cecilia Fernández Leal*

Copyright © 2019 Gloria M. Fagoaga

Todos los derechos reservados.

ISBN: 9781693416194

DEDICATORIA

A mi esposo, a mis hijos y a ti lector que espero encuentres en este libro una fuente de inspiración para formar comunidades donde se encuentren la paz y la armonía.

TABLA DE CONTENIDO

Cómo usar este libro ix
Primero lo básico: qué es un condominio 3
    Definición 3
    Valores entre condóminos 5
    Aspectos legales 9
    Antes de que la asamblea reciba el condominio de la constructora . 11
    Y enseguida de recibir: 13
Administración del Condominio 15
    Funciones del Administrador del condominio 20
        Presidente del Consejo 21
        Recopilación y actualización de los documentos que soportan la estructura legal del condominio en forma física y electrónica 23
        Manejo eficiente y claro de los recursos financieros del condominio 25
        Servicio de vigilancia. 27
        Atención a condóminos 28
        Control de obras en construcción 29
        Mantenimiento y mejora de áreas condominales 30
        Mantenimiento de otros bienes condominales no mencionados en los puntos anteriores, tales como equipo de seguridad, equipo de oficina, etc. 30
        Otras labores administrativas del Administrador 31
        Manual de operaciones 32
    Proyectos de mejora 33

- La mesa directiva… guías y responsables 41
- Cambio de mesa directiva. 44
- Participación activa de los que no integran la mesa directiva 46
- Límites en las funciones del administrador 47
- Comunicación entre la administración y los condóminos 48
- La Asamblea 50
  - Orden del día 51
  - Actividades antes de la asamblea 52
    - Convocatoria 52
    - ¿Quién puede votar? 54
    - ¿Cómo se toman los acuerdos? 55
    - Hoja de votación 56
    - Lugar 57
    - Equipamiento 58
    - Personal de apoyo 59
    - El día anterior a la asamblea 61
    - 63
  - El día de la asamblea 63
    - Preparativos 63
    - Durante el desarrollo de la asamblea 64
    - Para terminar la asamblea 65
  - Otros consideraciones que se deben tomar en cuenta en la organización de una asamblea 66
- Finanzas 68
  - Control de ingresos y egresos 68
    - Fondos 68

Deudores 78

Información financiera obligatoria 84

Pago del agua 85

    Determinación del consumo de agua de las áreas comunes del condominio y de cada casa 86

    Responsable de la red de distribución de agua del condominio.... 91

    Proceso de individualización de las tomas de agua 92

    Programa de ahorro de agua 93

Seguridad en el condominio 94

    Los condóminos 94

    El administrador 98

    Servicios de Vigilancia 99

    Personal doméstico 103

    Conducción segura 104

    Visitas 106

Mascotas 107

Uso de alberca y casa club 110

Nuevas construcciones en el condominio 112

Reglamentos del condominio: del dicho al hecho 115

Conflictos en el condominio 121

    Un clima de armonía 130

        Por parte del administrador 131

        Por parte de los condóminos 133

    Principios para una convivencia sana: 134

        Interdependencia Positiva 135

        Interacción Motivadora Cara a Cara 136

- Lo que se espera de mí, a lo que me comprometo 138
- Responsabilidad de grupo 139
- Habilidades sociales 140
- Análisis positivo de avances y dificultades 141
- Negociación ganar-ganar 142
- Perdón 142
- Por favor y gracias 144

Restricciones en un condominio 145

Una sabia elección 147

Anexos 149
- Ejemplo de un procedimiento para incluir en el Manual de Operaciones 149
- Ejemplo de un acta de asamblea 152
- Ejemplo de Reglamento Para Uso De La Casa Club 154
- Ejemplo de Reglamento Para Uso De La Alberca 156
- Ejemplo de las principales cuentas de un catálogo que facilita el control de la información 157
- Ejemplo de un convenio de pago 160

CÓMO USAR ESTE LIBRO

Unas rápidas anotaciones:

¿Estás a punto de adquirir un condominio?

¿Vives ya en un condominio?

¿Eres un entusiasta participante de la mesa directiva?

¿Eres un administrador?

Para las personas que están a punto de comprar una propiedad en un condominio este libro será su mejor inversión. Les evitará cometer graves errores que lastimarían su tranquilidad y su bolsillo. Los administradores de condominios encontrarán en él todos los detalles que necesitan para atender mejor a sus clientes con ejemplos claros de sistemas para administrar con más claridad y transparencia. Les será muy útil también a los entusiastas participantes de las mesas directivas; el libro les dará información detallada de qué le toca hacer a cada quien y qué le deben exigir al administrador profesional. Y para todas las personas que ya viven en un condominio en estas páginas encontrarán ideas efectivas para mejorar sus asambleas, tener una cordial relación con sus vecinos y realizar excelentes proyectos que aumentarán la plusvalía de su propiedad.

El libro se puede leer en capítulos independientes de acuerdo a las necesidades de cada persona, pero el mayor fruto se obtiene al leerlo todo completo.

Hay muchísimos tipos de condominios: horizontales, verticales, con alberca, sin alberca, con canchas de diferentes deportes, con áreas verdes, con centros comerciales o sin ellos y así en un sin fin de opciones. Pero todos tienen un aspecto en común.

Los propietarios comparten la propiedad de los bienes comunes y tienen que *ponerse de acuerdo* en su uso, mantenimiento y mejora.

Este "ponerse de acuerdo" es un aspecto meramente funcional, pero va a determinar la forma de pensar del condominio.

De acuerdo a una encuesta entre personas de diferentes lugares, las personas viven en un condominio por 4 razones principales.

1º. **Por seguridad. 100%.** Las personas aman sentirse seguras en sus personas y en sus bienes. El 50% agregó que le es muy grato que los niños puedan salir a jugar en un ambiente seguro.

2º. 75% de los encuestados afirmaron que por la conveniencia de compartir áreas comunes donde caminar, jugar y hacer ejercicio. Las áreas se disfrutan y se prorratean los gastos de mantenimiento y mejora.

3º. 50% de las personas mencionaron que les agrada mucho vivir en condominio por la comunidad formada por ¨personas lindas que se cuidan, son respetuosas y aceptan de común acuerdo las decisiones emanadas de las juntas."

4º. Finalmente, 12.5% de las personas mencionaron que es muy práctico tener un administrador que se ocupe de que estas áreas estén bien cuidadas y limpias.

El objetivo de este libro es darles sistemas y herramientas para que esas metas se lleven a cabo y que la calidad de vida de las personas que decidieron vivir en condominio sea excelente. Y una buena noticia para los inversionistas: mientras mejor sea la calidad de vida en el condominio donde tengan su inversión, mayor plusvalía van a obtener.

Todo condominio tiene etapas y para cada una de ellas existen diferentes necesidades. Con un poco de cuidado por los detalles, el desarrollo del condominio será benéfico para todos los interesados, desde los primeros años en adelante.

Dependiendo de dónde esté ubicado el condominio hay diferentes leyes estatales y municipales que lo cobijan, pero en este libro van a encontrar ideas generales que les serán de utilidad dondequiera que estén ubicados.

Vivir en comunidad siempre es un aprendizaje por lo que mientras más tiempo se vive en un condominio, más se aprende sobre las personas que viven en él, y es un proceso fascinante. ¡Todos compartimos el deseo de vivir en paz y en un ambiente seguro! El libro está enfocado a lograr mayor comprensión entre vecinos y a impulsar sistemas para que el día a día de la administración del condominio sea más eficaz.

Los consejos no son mágicos. Todo lo que está escrito en este libro requiere esfuerzo, en tiempo y muchas veces en inversión también, pero les garantizo que este esfuerzo será muy redituable.

Mi principal deseo es que a través de las herramientas de este libro puedan formar comunidades seguras y felices que sean una fuente de confianza y crecimiento de su patrimonio y de su hogar.

Gloria Margarita

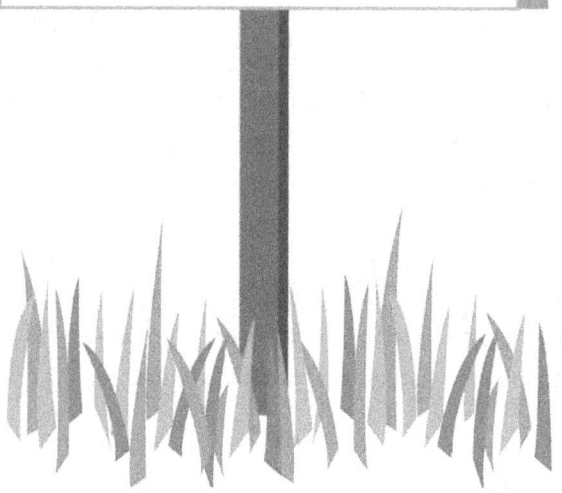

Primero lo básico: qué es un condominio

La primera vez que viví en un condominio me sentía muy emocionada. Lo primero que hice en mi primera asamblea fue levantar la mano para proponerme como secretaria de la mesa directiva. Ahí comenzó una interesante aventura. Descubrí que no tenía idea cabal de lo que era un condominio y de lo que esto implicaba. Para comenzar, como secretaria tenía la obligación de redactar el acta de la asamblea y llevarla a protocolizar. ¿Cómo se redactaba el acta? ¿Tenía que cumplir requisitos legales? ¿Cómo se protocolizaba? Tuve que investigar éstas y otras muchas preguntas a lo largo de mi periodo como secretaria, y también fui aprendiendo con las experiencias vividas. Las buenas experiencias me indicaron que iba en el camino correcto y las malas que todavía tenía mucho por aprender.

Definición

En un condominio cada propietario es dueño absoluto de su unidad privativa, sea terreno, departamento o casa y todos los condóminos comparten la propiedad de las zonas comunes, ya sean áreas verdes, pasos de tránsito, alberca o casa club, estacionamientos de visitas, instalaciones deportivas, etc. Con respecto a las zonas comunes todos los condóminos son propietarios de manera colectiva e indivisible, por eso estas zonas reciben el nombre de bienes condominales.

Cada condómino es responsable de su propiedad y todos los propietarios son corresponsables del uso, mantenimiento y mejora de áreas comunes.

Un condominio está formado por personas que comparten:

1. La propiedad de zonas comunales,
2. Los lineamientos para su uso, conservación y mejora, y
3. La vida en comunidad.

Y esto no siempre es fácil. A veces las personas al adquirir su propiedad creen que muchas políticas no se van a cumplir y cuando los demás exigen su cumplimiento se molestan.

Por esta razón **antes de comprar** una propiedad en condominio es indispensable dedicar un tiempo a leer el **Reglamento de Administración**, donde están sentadas las reglas que rigen el uso y mantenimiento de las áreas condominales y los asuntos que afectan la vida diaria de los condóminos. El objetivo del Reglamento de Administración es precisamente sentar las bases para que en el condominio se pueda disfrutar de un ambiente limpio, seguro, justo y armonioso, que permita calidad de vida cotidiana y excelente plusvalía.

> **Todas las áreas condominales son parte de la casa de cada condómino. Del esfuerzo de todos depende que se encuentren limpias y con excelente imagen. Y del esfuerzo de todos depende que el ambiente del condominio sea de gran cordialidad y respeto.**

Los condóminos forman un conjunto democrático donde las decisiones se toman por mayoría. Las decisiones que se toman en asamblea (el órgano máximo de autoridad en un condominio) son las directrices que guían la actuación de los representantes elegidos para administrar los asuntos condominales. En la asamblea todos los propietarios que estén al corriente en sus cuotas tienen el mismo derecho de voz y voto. En el capítulo de las asambleas les doy herramientas para tener asambleas ¡que no sean foros de pelea! Y describo detalladamente en qué consisten y cómo se preparan.

Valores entre condóminos

Desde luego existen leyes que rigen la vida de los condominios. Pero tan importantes como estas leyes son esos valores humanos universales que son parte de nuestra identidad como personas y que, al ser compartidos por la comunidad, se convertirán en una parte esencial de la identidad del condominio. Estos valores serán la guía en nuestro trato con los demás, y serán la base para una convivencia sana que día a día se mejore a sí misma.

Honestidad en el trato entre condóminos

La honestidad se refiere a esa hermosa cualidad de la persona que se conduce con decencia, que es razonable, justa y honrada. En un condominio esta cualidad se traduce en:

- ✓ Respeto a las personas, sus propiedades y sus mascotas.
- ✓ Responsabilidad con respecto a las propiedades individuales y a las áreas colectivas. "Cuido mi propiedad y cuido las áreas colectivas para que todos podamos disfrutarlas."
- ✓ Pago puntual de las cuotas que se necesiten para mantener y mejorar el conjunto habitacional siempre en buen estado.
- ✓ Cooperación y generosidad entre vecinos. Es muy gratificante saber que puedo contar con mis vecinos en alguna emergencia o para alguna pequeña necesidad. Dar y recibir entre vecinos forma una "cadena de armonía" que genera confianza y cordialidad.
- ✓ Tolerancia para las diferencias de opinión. En los condominios viven personas de todas edades, con actividades diferentes, religiones diferentes, orientaciones sexuales diferentes. Y es por esta razón que la tolerancia a las diferencias de opinión se vuelve imprescindible, así como el encuentro de áreas de común acuerdo basadas en el bien común donde todos nos sintamos a gusto.
- ✓ Cuidado del medio ambiente. Cada vez más nuestro mundo depende de nuestras decisiones en materia de cuidado del agua, de la energía y del manejo de la basura para asegurar un futuro para nuestros descendientes. El condominio es la comunidad

ideal para llevar a cabo acciones colectivas que impacten positivamente al medio ambiente. Además del ahorro en gastos por el uso adecuado del agua y de la energía, el buen manejo de la basura puede resultar una excelente fuente de ingreso para el condominio si se separa adecuadamente y se venden las latas, cartón, envases de plástico, etc.

La clave para vivir con armonía en el condominio a pesar de las grandes diferencias que puede haber entre los residentes es coincidir en la disposición para la comprensión y los acuerdos. No importa que las familias que habitan un condominio tengan diferentes culturas, edades, gustos, preferencias, o maneras de pensar, que en él se encuentren familias con niños pequeños, con hijos adolescentes o con hijos que ya son jóvenes adultos o que existan parejas dinámicas de abuelos en su edad madura si todos coinciden en poner el esfuerzo necesario para vivir en paz compartiendo espacios de manera cordial, respetuosa y responsable.

> **No significa vivir en una sociedad perfecta, pero sí significa que en los problemas haremos todo lo posible por ponernos en los zapatos del otro, y tendremos la disposición de dialogar con respeto y perdonar.**

Significa que siempre que esté en nuestra mano otorgaremos apoyo al que lo necesite, tal vez estando pendientes de la casa del vecino cuando salga, apoyando en caso de enfermedad o en cualquier otra situación. Significa que nos esforzaremos por no molestar al vecino, ya sea con ruido, con desechos de nuestras mascotas, obstruyendo su entrada o las vialidades. Significa sabernos corresponsables del bienestar de todos los que habitamos en el condominio. Mientras más muestras de afecto intercambiemos con nuestros vecinos más nos convertiremos en una comunidad **fuerte y segura**. En nuestras manos está tener una comunidad cálida o una comunidad fría donde a duras penas los vecinos se den los buenos días.

Aspectos legales

El régimen de propiedad en condominio está fundamentado en leyes federales, estatales y municipales, y en los reglamentos del propio condominio, en ese orden. Los reglamentos del condominio no están por encima de las leyes mencionadas.

De este fundamento legal, quiero destacar los siguientes aspectos.

Una empresa fraccionadora constituye un régimen condominal para el condominio en cuestión. Todos los detalles de esta constitución se enumeran en el acta constitutiva del régimen condominal que se protocoliza ante notario y se registra en el Registro Público de la Propiedad. Este es un documento sumamente importante. Aquí se sientan las bases de la distribución de bienes privativos y comunes, y de las principales reglas que regirán la vida del condominio.

De acuerdo a lo estipulado en esta acta, el constructor obtiene sus permisos de construcción y lleva a cabo la obra. El Municipio que corresponda al domicilio del condominio tiene obligación de realizar inspecciones y verificar que el constructor cumpla con todos los requisitos establecidos en la ley para este tipo de construcciones. *Ojo: Verifiquen que el Municipio correspondiente haya efectuado o que efectúe (según el caso) esta inspección.*

El constructor puede realizar la venta privativa de los lotes desde una etapa temprana. Una vez terminada la obra y cuando alcanza cierto número de ventas, la ley faculta a la empresa fraccionadora para entregar el condominio a los condóminos como cuerpo asociativo. Antes de entregarlo la constructora se encarga de la administración del condominio y paga los recibos de agua, luz y teléfonos de oficinas que sean propiedad común. Una vez entregado el condominio, los condóminos se encargan de administrar y de realizar los pagos relacionados con el uso, mantenimiento y mejora de las áreas comunes. Para esto se determinan las cuotas de mantenimiento.

Acción:

Antes de comprar un condominio directamente de la constructora:

- ✓ Verifica que la vendedora es una empresa legalmente constituida, de prestigio reconocido, con domicilio fiscal comprobable. Puedes llamar a PROFECO y solicitar informes sobre el comportamiento comercial de la empresa vendedora.
- ✓ Revisa los documentos que acreditan la propiedad del inmueble.
- ✓ Infórmate si hay algún gravamen sobre la propiedad que debe quedar cancelado al momento de la firma de la escritura correspondiente.
- ✓ Revisa la personalidad del vendedor y la autorización del proveedor para promover la venta.

- ✓ Solicita la información sobre las condiciones en que se encuentre el pago de contribuciones y servicios públicos.
- ✓ Lee cuidadosamente el acta constitutiva del régimen condominal.
- ✓ Verifica que los espacios y servicios del condominio coincidan con el acta constitutiva.
- ✓ Investiga si la constructora ya entregó el condominio a los condóminos.
- ✓ Investiga cuáles son las cuotas condominales.
- ✓ Si el condominio ya está entregado solicita los últimos estados financieros para que puedas apreciar qué se recauda y en qué se gastan los fondos.
- ✓ Si estás comprando en preventa tienes derecho a revisar el proyecto ejecutivo de construcción completo, así como su maqueta y el inmueble muestra, los permisos de construcción, los planos estructurales, arquitectónicos y de instalaciones, o, en su defecto, el dictamen estructural de las condiciones del inmueble.

Antes de que la asamblea reciba el condominio de la constructora

La asamblea, o la persona que ésta designe, es la encargada de recibir el condominio una vez que la constructora está lista para entregarlo.

Antes de recibir es indispensable verificar:

- Que el régimen condominal esté debidamente constituido ante notario. Lean cuidadosamente todas las cláusulas del acta de constitución del régimen condominal y verifiquen que estén debidamente delimitadas las áreas condominales y las particulares.

- Que la empresa haya solicitado el dictamen técnico ante el Municipio que avala que la construcción cumple con todos los requisitos determinados en el permiso de construcción.
- Que, apoyando el punto anterior, se encuentren bien construidos y señalizados los accesos al condominio.
- Que el estado de la pavimentación sea correcto.
- Que las instalaciones comunitarias, como alberca, casa club, estacionamientos de visitas, jardines, banquetas, etc. cuenten con los elementos ofrecidos por la constructora. En este punto es muy importante verificar que la capacidad instalada, por ejemplo, para el calentamiento de la alberca, sea suficiente para el tamaño de la misma, o que el sistema de riego sea el adecuado para el tamaño y tipo de jardín, entre otros detalles.
- Que las instalaciones de agua, teléfono y luz estén bien hechas y colocadas **siguiendo la normativa legal**. En este punto cabe destacar que no tienen que ser expertos para verificar este punto. Simplemente acérquense a las autoridades y soliciten la verificación de las instalaciones de acuerdo a norma. Pueden también leer los lineamientos que deben cumplir las instalaciones y revisar físicamente que estén bien.
- Verifiquen con los proveedores de otros equipos de servicio común, como puede ser el equipo hidráulico, que estos equipos estén instalados cumpliendo la normativa y los requisitos establecidos por el proveedor. De otra manera pueden incluso perder la garantía.

La constructora tiene obligación de otorgarles una fianza para garantizar las reparaciones por vicios ocultos. Esta obligación generalmente va de uno a cinco años (de acuerdo a la legislación del lugar donde esté ubicado el condominio) a partir de la entrega del condominio por lo que reviste singular importancia que revisen todos los puntos mencionados anteriormente y que estén pendientes de que la fianza siga activa hasta la culminación del periodo de garantía.

Verifiquen también:

- Que las instalaciones para que se conecte el agua, luz y teléfono en cada unidad privativa se encuentren en óptimas condiciones.
- Que todas las instalaciones mencionadas en el punto anterior funcionen adecuadamente.
- Que la constructora tenga listos para su entrega los datos de contacto completos de los propietarios pues es requisito legal llevar un registro de los mismos y de los cambios de propiedad que se realicen. Además, se necesitan para hacer llegar información a los condóminos y para las labores de cobranza.
- Que la constructora tenga listos para su entrega todos los documentos legales del condominio como el acta constitutiva del régimen condominal, los planos estructurales, arquitectónicos y de instalaciones, incluyendo el hidráulico y el eléctrico, los avisos de terminación de obra, el dictamen técnico del Municipio, los permisos para la instalación de los servicios, copias de los reglamentos internos, y el registro de propietarios.

Recuerden analizar cuidadosamente los reglamentos que les entregue la constructora. Así desde la primera asamblea podrán aprobar los reglamentos y determinar si desean modificar algún artículo.

El tiempo que le dediquen a revisar estos puntos minuciosamente les ahorrará muchos sinsabores posteriores.

> **Antes incluso de adquirir un bien en un condominio se pueden revisar los puntos anteriores para verificar que se está comprando un bien confiable.**

Y ENSEGUIDA DE RECIBIR:

- Formar una asociación legal de condóminos. Una asociación le da personalidad jurídica al condominio y facilita el manejo claro de los fondos. La asociación se registra ante un notario, quien los puede asesorar sobre los estatutos del acta constitutiva de la asociación. La asociación estará capacitada para abrir cuentas de cheques, celebrar contratos de servicios, contratar personal y todos los aspectos que serán necesarios para administrar los bienes en común. *Incluso esta asociación puede formarse antes de recibir el condominio si ya la mayoría de los predios fueron adquiridos.*

- Hacer los contratos de agua, luz y teléfono que correspondan a los bienes condominales a nombre del condominio.
- Archivar ordenadamente todos los papeles recibidos de la constructora y comenzar el libro de actas que deberá incluir el acta constitutiva del régimen condominal, el acta constitutiva de la asociación de condóminos y las actas de todas y cada una de las asambleas que se lleven a cabo.
- Abrir una cuenta de cheques para el manejo de las cuotas y pago de los servicios. Para hacer esto necesitan el acta protocolizada de su asociación. Si no la tienen, pueden abrir la cuenta mancomunada a nombre del administrador y otra persona más de confianza.
- **Siempre soliciten que las firmas de los cheques sean mancomunadas. Es un riesgo poner todos los recursos de los condóminos a nombre de una sola persona.**

Administración del Condominio

¿Por qué desea un condómino participar en la mesa directiva que será la responsable de la administración del condominio? Yo me he preguntado esto cada vez que levanto la mano para ofrecer mi trabajo en el puesto que se necesite. Y la respuesta que me doy a mí misma es que al realizar este trabajo voluntario a favor de la comunidad tenemos la gran oportunidad de contribuir con nuestro granito de arena en la creación de una sociedad mejor. Los condominios son pequeñas células de la sociedad, microcosmos donde se reflejan los anhelos de los que todos queremos disfrutar en nuestro entorno: seguridad, honestidad, respeto, cordialidad. Al formar parte de la mesa directiva podemos aportar nuestros conocimientos y nuestras capacidades para que dentro de nuestro condominio la vida de nosotros y la de nuestros vecinos sea mejor.

El órgano de mayor autoridad en el condominio es **la asamblea de condóminos** y la asamblea nombra un **administrador**, que puede ser persona física o moral, para que en representación de todos los condóminos administre los bienes condominales siguiendo los lineamientos que le fije la asamblea. También nombra un comité de vigilancia para que, como su nombre lo indica, verifique que el administrador está realizando sus funciones con eficiencia y honestidad.

Para que el condominio tenga personalidad jurídica, es conveniente que los condóminos formen una **asociación civil legalmente constituida**, que se encargue de ser la administradora del condominio. Su objetivo es asegurar el bienestar y la convivencia pacífica de los condóminos, bajo la supervisión del Comité de Vigilancia. Esta asociación en su papel de administradora cuenta con poderes legales para administración y pleitos y cobranzas para poder desarrollar sus funciones. Pero, NO sustituye a la asamblea ni puede tomarse atribuciones que solamente le competen a la asamblea, como es el caso de las inversiones. El administrador no es propietario ni patrón del condominio.

En su estructura la asociación cuenta con una mesa directiva o consejo de administración, un comité técnico (si es necesario) y un comité de vigilancia. El consejo, en su forma más sencilla puede estar compuesto por presidente, secretario y tesorero, pero es conveniente agregar dos vocales cuya función es apoyar a los tres primeros u ocupar su lugar en caso de ausencia. Como la función del comité técnico es supervisar los proyectos arquitectónicos que se lleven a cabo en el condominio es conveniente que esté formado por tres ingenieros o arquitectos. El comité de vigilancia estará formado por un mínimo de tres condóminos, cuyos miembros son las mismas personas que eligió la asamblea para vigilar al administrador. Aquí se presenta una situación muy curiosa. Puede existir un comité de vigilancia que vigile al administrador, sea la asociación u otra persona y otro comité de vigilancia dentro de la asociación que vigile a la mesa directiva. Lo más práctico es que sean las mismas personas.

También es conveniente elegir colaboradores de apoyo para las diferentes funciones del condominio como son, entre otros, áreas verdes, cuentas por cobrar, apoyo a comité técnico, limpieza de terrenos, etc.

Los miembros del consejo ejercen cada uno las funciones que indica el acta de constitución de la asociación. Los colaboradores supervisan las funciones específicas en donde colaboran. Más adelante detallo las funciones de la mesa directiva. De acuerdo a las necesidades de cada condominio, estos puestos pueden variar. Es preferible que las personas que participan en la mesa directiva sean propietarios o sus cónyuges pues realizarán su encargo con más empeño. Si la asamblea lo permite y en el contrato de arrendamiento el propietario autoriza al arrendatario a representarlo con voz y voto en las asambleas, los inquilinos pueden formar parte de la mesa directiva, pero en este caso, deberán firmar una carta compromiso de permanecer como inquilinos cuando menos el tiempo en que estén desarrollando su cargo.

La asociación selecciona y se responsabiliza del desempeño de los terceros que se contratan para que se lleven a cabo de manera efectiva y eficiente los servicios de administración, limpieza, mantenimiento, vigilancia y jardinería del condominio. Es práctico contratar (1) a una empresa de seguridad que se encargue de la vigilancia, (2) un despacho que proporcione los servicios de contabilidad y personal de administración y (3) un encargado de mantenimiento y mensajería que tenga su propio personal para realizar sus funciones. No es conveniente que la asociación contrate personal de forma particular y genere relaciones laborales con alguna persona.

> **La asociación, como entidad legal, tiene derechos y obligaciones fiscales. Para tranquilidad de todos sus miembros y de los diferentes administradores estas obligaciones deben cumplirse cabalmente desde un inicio.**

Organigrama del condominio

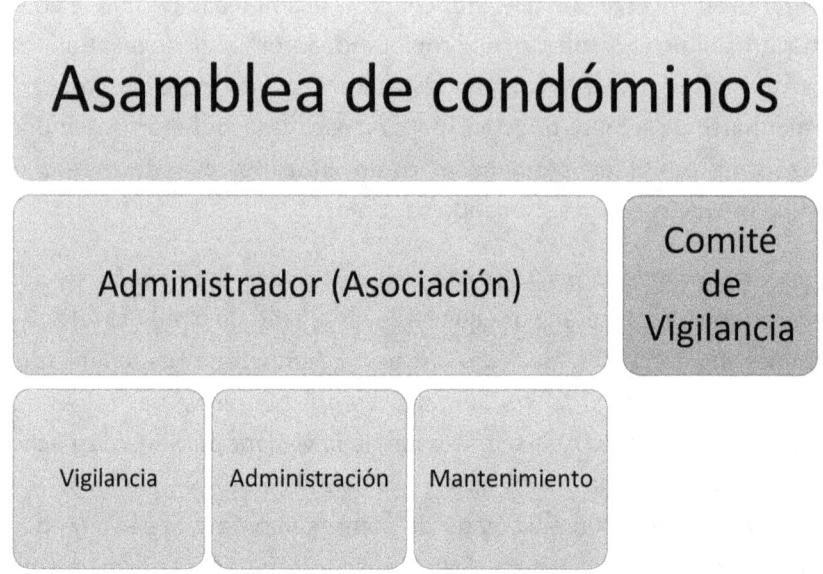

Organigrama de la asociación

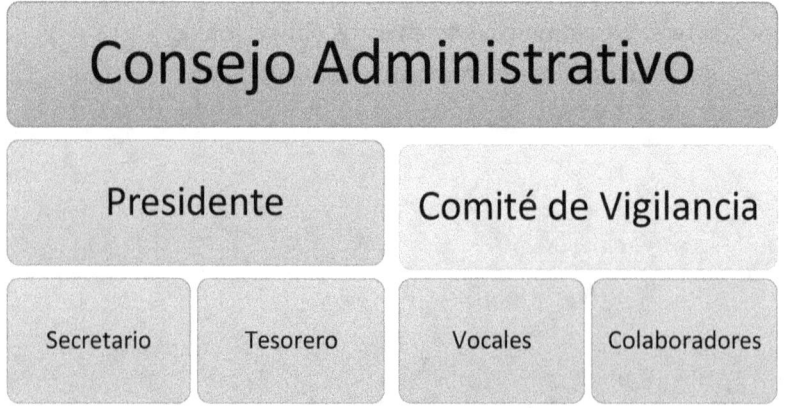

Para atender a los condóminos es necesario contar con una oficina que de atención, por ejemplo, de lunes a viernes y el primer sábado de cada mes. Los horarios se indican en la oficina y pueden variar de acuerdo a las necesidades de los condóminos.

Dependiendo de qué tanto se quieran involucrar los miembros del consejo en la operación del condominio, éstos pueden contratar desde una secretaria hasta un administrador profesional. Por ejemplo, el consejo puede contratar a un ejecutivo de administración para que atienda a los condóminos diariamente y determinar el alcance de sus funciones. Es primordial tener por escrito qué facultades tiene el ejecutivo con respecto a temas delicados, como pueden ser la condonación de intereses, cambio de proveedores o compra de equipo, entre otros.

> **Las decisiones de primer orden siempre debe tomarlas la mesa directiva. Si deciden contratar un administrador profesional, la mesa directiva tiene más una labor de supervisión y vigilancia y mucho menos operativa.**

Si la mesa directiva elige contratar a un administrador profesional les recomiendo que sean extremadamente cuidadosos en esta elección. Asegúrense de que tiene un historial de buen desempeño, que hay clientes que pueden dar **testimonio** de su **honestidad** y que cuenta con el personal y sistemas para darles un buen servicio.

En la administración se debe tener un archivo donde se encuentren todas las actas constitutivas, actas de asamblea, comprobantes de contabilidad desde el inicio de la constitución del condominio, contratos de proveedores, archivos individuales de los lotes, copia de solicitudes hechas a autoridades gubernamentales y demás documentos significativos para la administración del condominio. Los condóminos pueden consultarlos libremente, mas no pueden sacarlos de la oficina. Si desean tener una copia de algún documento, el ejecutivo de administración puede proporcionarla, siempre y cuando no se trate de información particular o confidencial.

La información de los datos de contacto de los condóminos es confidencial y en ningún caso se puede proporcionar a un tercero. Si un condómino solicita ponerse en contacto con otro, la administración puede entregar el mensaje para que ese otro se ponga en contacto, si lo desea, con el solicitante. Así se protege la privacidad del condómino.

Cabe hacer notar que los integrantes de la mesa directiva no perciben ningún honorario por su trabajo. Su desempeño es totalmente **voluntario**. Todo el personal de apoyo contratado son las manos del consejo. Los condóminos pueden esperar todo el entusiasmo, esfuerzo y compromiso de los miembros de la mesa directiva que voluntariamente se ofrecieron para realizar esta labor, pero deben estar conscientes de que ninguno de ellos se dedica a esta actividad de tiempo completo. Se buscan tiempo para el condominio en medio de sus actividades cotidianas. Mientras más apoyemos todos haciendo cada uno lo que a cada quien le corresponde, mejores resultados tendremos.

He sabido de algunos condominios donde el estar en la mesa directiva conlleva algún beneficio económico para sus miembros como que se les acredite algún número de cuotas. Esto es decisión de cada condominio.

Funciones del Administrador del Condominio

La Administración la ejerce el Consejo de Administración de la asociación o el administrador profesional contratado. En algunos estados se permite también que un condómino elegido en asamblea ejerza como administrador. En el caso del consejo, ninguno de los integrantes puede tomar una decisión importante sin el consenso de los demás. Todos comparten la responsabilidad de la administración y las decisiones se toman por mayoría. El administrador único sí puede tomar decisiones, pero siempre dentro de los lineamientos que le marquen los reglamentos y la asamblea.

Es conveniente que los miembros del consejo se reúnan al menos una vez al mes para analizar los asuntos condominales, decidir lo que se debe hacer y asignar responsables de seguimiento. La siguiente junta, revisan los avances y siguen adelante.

Para poder llevar a cabo sus funciones de manera óptima todos los miembros deben conocer el Código Urbano en su capítulo de condominios o Ley de Condominios del estado que corresponda, los reglamentos internos como el de administración y el de construcción, el reglamento de uso de casa club y alberca, los procedimientos de construcción y de contabilidad, los acuerdos de cada asamblea y los acuerdos del Consejo de Administración. Generalmente la empresa fraccionadora entrega solamente el Reglamento de Administración y de Construcción, en su caso. Posteriormente los condóminos generan los reglamentos de casa club y alberca y los procedimientos de acuerdo a las necesidades del condominio.

Presidente del Consejo

Todos los miembros del Consejo de Administración son importantes. De todos depende que el condominio funcione adecuadamente, pero una persona clave es el presidente. Su liderazgo va a ser determinante en el éxito de su equipo.

El presidente es responsable de la **coordinación y supervisión** del trabajo realizado por todo su equipo de trabajo. Su éxito en gran medida depende de que se vea sí mismo como un **facilitador,** esa persona que entusiasma a su equipo para alcanzar los objetivos planeados, que traza con sus colaboradores el camino a seguir, que verifica que su equipo tenga las herramientas que necesita y que reciban la capacitación que necesitan en caso necesario. El presidente es la persona que, con el apoyo de su equipo, va solucionando los problemas que salen al paso, que busca consensos en los desacuerdos y tiene siempre en mente encontrar las mejores prácticas para todas las labores que se tienen que hacer.

Al condómino que sea elegido como presidente le aconsejo que no trate de hacer todo solo. Por la complejidad de todo lo que hay que hacer, es prácticamente imposible que una sola persona haga todo sin la ayuda de los demás. Por eso es indispensable que se rodee de un **buen equipo**, de personas que le agraden y que sean comprometidas para que tenga confianza al delegar.

Nunca hay que olvidar que el Consejo no sustituye a la asamblea, es el que ejecuta las decisiones de la asamblea.

A continuación, enlisto las responsabilidades del Administrador por grupo de actividades. Los miembros de la mesa directiva acuerdan cómo se van a dividir estas obligaciones, si las van a realizar por sí mismos, o si van a contratar un administrador profesional. En este último caso la mesa directiva tiene la responsabilidad de supervisar que el administrador contratado lleve a cabo sus obligaciones con honestidad y eficiencia. En el caso del condómino-administrador, él decidirá si va a realizar todas las actividades por sí mismo o necesitará el apoyo de algún profesional.

Nunca olvidar que la mesa directiva es la responsable ante la asamblea de la correcta administración del condominio.

Recopilación y actualización de los documentos que soportan la estructura legal del condominio en forma física y electrónica

- Código Urbano del estado que corresponda en su capítulo de condominios, o bien Ley de Condominios, y reglamentos municipales
- Acta de Constitución del Régimen Condominal
- Planos estructurales, arquitectónicos, de instalaciones y equipos del condominio junto con sus facturas y garantías
- Acta de entrega-recepción del condominio
- Reglamento de Administración
- Reglamento de Construcción
- Procedimiento de Contabilidad
- Procedimiento de Construcción
- Consignas de seguridad
- Reglamento de uso de casa club y alberca
- Reglamento de manejo de basura
- Acta de constitución de la asociación civil
- Libro de actas de asamblea
- Actas de entrega-recepción de los administradores
- Registro de propietarios de los lotes siempre actualizado
- Registro de inquilinos siempre actualizado

- Carpeta de contratos de proveedores de servicios que incluya copia de la constancia del RFC, copia de comprobante de domicilio de la empresa, copia de identificación y comprobante de domicilio de las personas que laborarán dentro del condominio.
- Archivos contables y legales
- Inventario de muebles, equipos, e instalaciones de propiedad común.

Esto es responsabilidad del secretario o secretaria. Contar con carpetas bien identificadas y clasificadas les permitirá llevar un registro correcto de los puntos mencionados. Por ejemplo, para el libro de actas se pueden utilizar separadores con la fecha de cada asamblea para poderlas localizar rápidamente en caso de necesitar consultar alguna.

Contar con este archivo digitalizado se sumamente útil y en algunos estados obligatorio.

El orden en esta actividad es vital pues esta información puede ser requerida tanto por los condóminos como por las autoridades.

Manejo eficiente y claro de los recursos financieros del condominio
- Elaboración y control del presupuesto de operación
- Registro de operaciones bancarias (libro de bancos) indicando los movimientos y saldos de los diferentes fondos en tiempo real.
- Registro de control individual de los pagos recibidos de los condóminos
- Determinación de cartera vencida total e individual separada por rubros y ejercicios fiscales
- Elaboración de recibos de pago a condóminos
- Elaboración y actualización de catálogo de proveedores
- Registro de pasivos a proveedores
- Elaboración de cheques para pagos de proveedores.
- Elaboración del reporte financiero mensual incluyendo el comparativo del gasto real contra el presupuesto.
- Elaboración de estados de cuenta mensuales por condómino
- Recopilación, organización y entrega de la documentación solicitada por el servicio de contabilidad y auditoria
- Archivo del soporte documental de las operaciones realizadas y de los estados de cuenta bancarios:
  - Carpetas mensuales de operaciones contables
  - Carpetas de registros y pagos por condómino
  - Carpetas individuales de control de obras
  - Libro de acreedores de los condóminos que tienen su inmueble hipotecado o embargado y manifiestan su deseo de ir a la asamblea
- Análisis financiero de proyectos de mejora
- Pago de impuestos

Acción:

Si los integrantes de la mesa directiva no tienen tiempo para llevar a cabo los trámites del SAT, se puede otorgar un poder notarial a un gestor o a un colaborador para que pueda llevar a cabo los mismos.

Para facilitar el control del dinero hacer un catálogo de cuentas del condominio es una herramienta muy útil. Sirve para que cada gasto que se haga se registre en su clasificación correcta. De esta manera los condóminos pueden entender con claridad en qué se está gastando el dinero. En la última parte incluyo una propuesta de catálogo que clasifica los gastos del condominio para indicar claramente cuáles son de administración, cuáles de vigilancia, cuáles de mantenimiento y así sucesivamente.

Es esencial que el tesorero, con el apoyo del contador contratado, desde el inicio del condominio analice el catálogo que más convenga al funcionamiento del condominio. Este catálogo debe ser especial para las necesidades de cada condominio. Si se adopta un catálogo general se puede caer en el error de no presentar clara la información.

Este grupo de actividades constituyen la función principal del tesorero o tesorera. También puede resultar muy útil tener un comité de Finanzas formado por dos contadores y un abogado para que apoyen al tesorero.

> **En el caso de los pagos de gastos, el papel del tesorero es pagar los gastos autorizados por el Consejo revisando que la documentación de soporte del gasto esté correcta. No es el único que decide si algo se paga o no. El tesorero debe respetar y pagar los gastos aprobados por el Consejo previamente presupuestados y autorizados por la asamblea.**

Servicio de vigilancia.
- Diagnóstico y actualización de las necesidades de seguridad del condominio.
- Elaboración y actualización de las consignas de seguridad.
- Análisis de opciones para la contratación del servicio
- Contratación y supervisión de la empresa contratada
- Mantenimiento y mejora permanentes de las medidas comunales de seguridad como puede ser una cerca electrificada, cámaras de circuito cerrado y programa de identificación de automóviles mediante algún distintivo.
- Difusión de las consignas de seguridad

Por su importancia el presidente o presidenta es el indicado para responsabilizarse de esta función. Puede contar con el apoyo de un colaborador, y, sobre todo, debe contar con el apoyo de todos los condóminos para el cumplimiento de las consignas de seguridad.

La colaboración de todos es la mejor herramienta de seguridad de un condominio.

Atención a condóminos
- Elaboración y actualización de directorio de condóminos (propietarios e inquilinos)
- Entrega mensual de los estados financieros del condominio
- Entrega mensual de estados de cuenta individuales
- Recepción de pagos
- Atención a peticiones
- Atención a quejas
- Reservaciones de casa club y alberca
- Difusión de los estatutos que soportan la estructura legal del condominio
- Elaboración y difusión de boletín mensual informativo de los principales asuntos de interés común
- Elaboración, actualización y difusión de matriz que resuma los principales acuerdos de cada asamblea
- Organización y/o apoyo de eventos de integración
- Supervisión de la limpieza y buen funcionamiento de los contenedores generales de basura
- Programa permanente de manejo de basura

Recomiendo que esta área esté a cargo del secretario o secretaria con apoyo de un vocal.

Atención a condóminos

Control de obras en construcción

Para condominios donde todavía se está construyendo.

- Informes de trámites a nuevos constructores
- Entrega de reglamento, procedimiento de construcción y formatos para inicio de obra
- Recepción de planos a autorizar para su entrega a la persona encargada y supervisión del retorno al constructor en el tiempo acordado
- Recepción de fianza o depósito en garantía o ambas
- Verificación de requisitos administrativos cumplidos para inicio de obra
- Control del trabajo realizado durante la supervisión de obra
- Aplicación de sanciones en su caso

- Archivo del soporte documental del desarrollo y conclusión de la obra

Esta área le corresponde al Comité Técnico quien puede solicitar el apoyo de algún colaborador para el trabajo administrativo.

Mantenimiento y mejora de áreas condominales

Dependiendo de la arquitectura del condominio, el mantenimiento y mejora de las áreas condominales puede incluir desde el cuidado de jardines, limpieza de casa club y alberca, limpieza y reparaciones en vialidades, limpieza de terrenos baldíos, etc. En todos los casos, son esenciales la limpieza, el mantenimiento preventivo y funcional y el embellecimiento.

Recomiendo que estas áreas estén a cargo de colaboradores para apoyar a la mesa directiva.

Cabe mencionar que para facilitar la obligación de los propietarios de terrenos para que se encuentren limpios, el condominio puede realizar una limpieza y fumigación semestral con un pequeño cargo a cada propietario o como cortesía a esos propietarios pues generalmente ellos no hacen uso constante de las áreas condominales del condominio.

Mantenimiento de otros bienes condominales no mencionados en los puntos anteriores, tales como equipo de seguridad, equipo de oficina, etc.

Como en el punto anterior lo importante de los bienes condominales es que se encuentren limpios y funcionando adecuadamente.

Recomiendo que esta área esté a cargo del presidente o presidenta.

Otras labores administrativas del Administrador
- Organización de asambleas ordinarias y extraordinarias
    - Propuesta de orden del día para la asamblea
    - Elaboración y publicación del orden del día autorizado
    - Difusión de la invitación a los condóminos
    - Logística del evento
    - Recopilación de la información y redacción del acta de asamblea
    - Recopilación de firmas
    - Recopilación de soporte documental
    - Protocolización del acta
    - Archivo en el libro de actas de las actas protocolizadas, junto con sus documentos de soporte como son: la lista de asistencia, cartas poder recibidas, certificación de quórum por parte de los escrutadores y demás documentos pertinentes.
- Organización de las reuniones de trabajo de los diferentes comités
    - Invitación a participantes
    - Logística del evento
    - Elaboración y difusión de minutas
- Implementación de acuerdos de asamblea y de consejo
- Seguimiento de actividades de acuerdo al tema en cuestión.
- Información mensual del trabajo realizado en las diferentes áreas o de los problemas que se han presentado para toma de decisiones
- Solución inmediata de los problemas que presentan por eventualidades y que afectan el bienestar del condominio
- Representar a los condóminos en asuntos que tengan que ver con autoridades gubernamentales.

Recomiendo que esta área esté a cargo de todos los integrantes de la mesa directiva en forma alternada o de acuerdo a como decidan repartir el trabajo.

Tengan mucho cuidado cuando dirijan escritos a las autoridades. Identifiquen claramente a quién tienen que dirigir el escrito. Al redactarlo, especifiquen bien a nombre de quien hablan y sus datos de contacto; describan claramente lo que necesitan; no se olviden de agradecer la atención a sus peticiones. En este asunto se necesita paciencia, pero para tener resultados es necesario dar seguimiento a cualquier petición que hagan, y siempre agradecer cuando se consiguen las peticiones.

Para la difusión de informes es recomendable elaborar un boletín que tenga la frecuencia necesaria; por ejemplo, mensual.

Manual de operaciones

Es sumamente útil ir elaborando el manual de operaciones de los procedimientos conforme se van desarrollando, y revisarlo y actualizarlo al menos una vez al año. Este manual debe contener:

- Estructura organizacional
- Procedimientos administrativos
- Procedimientos contables

Recomiendo que esta área esté a cargo del secretario o secretaria con apoyo de un vocal. La elaboración de un manual de operaciones que incluya todas las actividades que se realizan en la oficina es sumamente útil para evitar problemas cuando se cambia de personal. El manual reduce el tiempo de capacitación de la nueva persona y asegura la continuidad de los procesos. Además, tener todos los procesos por escrito facilita su correcta ejecución.

En la parte de ejemplos incluyo el ejemplo de un procedimiento para el uso de las calcomanías de identificación.

Proyectos de mejora

Además del mantenimiento correcto a las instalaciones, los proyectos de mejora son muy importantes pues le dan plusvalía al condominio y favorecen el bienestar y las buenas relaciones. Si vivimos en un lugar agradable y vemos que nuestras cuotas son bien aprovechadas, contribuimos en todos sentidos con más gusto.

Llevar a cabo los proyectos es complejo y en esto pueden participar como coordinadores uno o varios miembros de la mesa directiva dependiendo del área de la mejora de que se trate.

Los siguientes pasos son útiles para llevar los proyectos a buen término.

1. <u>Planeación</u>

    Definan bien qué quieren lograr.
    - ¿Cuál es el propósito del proyecto?
    - ¿Quiénes son los principales beneficiarios: todos, ¿los niños, los adultos, los deportistas, etc.?
    - ¿En qué lugar se va a implementar?
    - ¿Qué políticas se necesitarán?
    - ¿Qué se necesita para lograrlo? ¿Personal, equipo, conocimientos especiales, tecnología?
    - ¿Qué actividades tendremos que llevar a cabo desde el diseño hasta la implementación del proyecto?
    - ¿Qué personas o instituciones serán clave para la implementación del proyecto? ¿Proveedores, servicios, Instancias gubernamentales?
    - ¿Cuál es su costo inicial estimado?
    - ¿Cuáles serán los costos estimados de mantenimiento?
    - ¿Cuál es el tiempo de vida de los productos que integren el proyecto?
    - ¿Su implementación implicará un aumento en las cuotas de mantenimiento?

Analicen cuidadosamente la necesidad que da origen al proyecto, qué sucede si no se lleva a cabo, qué sucede si se lleva a cabo, qué tipo de soluciones se pueden dar para que la necesidad quede satisfecha.

El modelo de Osterwalder[1] ayuda mucho para el pensamiento visual. Todos pueden hacer lluvia de ideas siguiendo las preguntas del modelo en el orden indicado.

Adaptando este modelo a condominios, el cuadro a llenar queda así:

---

[1] Pueden encontrar el modelo original en el libro de Alexander Osterwalder e Ives Pigneur, *Generación de Modelos de Negocios,* Deusto S.A. Ediciones, 2011. Yo adapté el modelo a los proyectos de un condominio.

¿Qué proveedores necesitamos? ¿Qué relaciones necesitamos? ¿Qué asesoría necesitamos?	¿Qué actividades tenemos que llevar a cabo para su realización? ¿Qué recursos necesitamos de todo tipo?	Propuesta de valor ¿En qué consiste el proyecto? ¿Qué es y cuáles son sus beneficios?	¿Cuáles serán las políticas de uso? ¿Dónde se va a instalar?	¿Quiénes son los beneficiados?
COSTOS ¿Cuál será la inversión inicial? ¿Cuáles serán los costos de mantenimiento? ¿Cuál es el costo total?				IMPACTO ¿En qué se verá reflejado el beneficio del proyecto? ¿Producirá algún ingreso para el condominio? ¿Tendremos que solicitar una cuota extraordinaria a la asamblea para cubrir esta inversión? ¿Requerirá cuotas mensuales adicionales? ¿Qué pasa si No lo realizamos?

Por ejemplo:

PROPUESTA DE VALOR

¿En qué consiste el proyecto?

Construir una alberca techada que tenga el sistema adecuado de calentamiento y dos carriles para hacer ejercicio.

Beneficios:

- Se puede utilizar todo el año.
- Fomenta el deporte.
- Se pueden organizar clases de natación.
- Fomenta la cordialidad entre vecinos.
- La entrada se puede controlar para que no entren los que adeudan.
- Etc.

BENFICIADOS / CLIENTES CLAVE

¿Quiénes son los beneficiados?

Todos los condóminos a quienes guste la natación.

Los invitados de los condóminos.

Nota: Pueden hacer una encuesta para determinar cuántas personas están interesadas.

LUGAR CLAVE

¿Dónde se va a instalar?

En la zona tal.

POLITICAS CLAVE

¿Cuáles serán las políticas de uso?

Se utilizará los 7 días de la semana de 7:00 am a 10:00 pm

(Ver el reglamento de alberca en la sección de ejemplos.)

ACTIVIDADES CLAVE

¿Qué actividades tenemos que llevar a cabo para su realización?

Investigación de alternativas de diseño, sistemas de calentamiento de agua, sistemas de control de apertura y demás que incluya beneficios y costo.

Propuesta en asamblea de la mejor opción seleccionada por el consejo.

Implementación y seguimiento.

Difusión de políticas.

RECURSOS CLAVE

¿Qué recursos necesitamos de todo tipo?

Suficientes fondos.

Sistema de calentamiento.

Sistema de apertura.

Salvavidas certificado.

Etc.

ASOCIADOS CLAVE

¿Qué proveedores necesitamos?

Ingenieros

Arquitectos

Vendedores de los diferentes sistemas

¿Qué relaciones necesitamos?

Recomendaciones de condóminos sobre los proveedores mencionados o sobre los asesores.

¿Qué asesoría necesitamos?

Personas expertas en construcción y cuidado de albercas, no necesariamente proveedores, sino usuarios.

COSTOS

¿Cuál será la inversión inicial?

Tal cantidad calculando BIEN todo lo que implica la construcción, sistema de calentamiento, sistema de entrada, etc.

¿Cuáles serán los costos de mantenimiento?

Limpieza, salvavidas, etc.

¿Cuál es el costo total?

Calcular la inversión más los gastos de mantenimiento a mediano plazo.

IMPACTO

¿En qué se verá reflejado el beneficio del proyecto?

Mejor salud para los condóminos.

Mayor diversión.

Plusvalía para el condominio.

¿Producirá algún ingreso para el condominio?

Se puede rentar la alberca para eventos.

¿Requerirá cuotas mensuales adicionales?

Tal cantidad.

¿Tendremos que solicitar una cuota extraordinaria a la asamblea para cubrir esta inversión?

Esto depende de los ahorros que tenga el condominio.

¿Qué pasa si NO lo realizamos?

No podemos disfrutar los beneficios descritos.

2. Comuniquen la propuesta a todos los condóminos y pídanles su apoyo para la búsqueda de opciones y cotizaciones. Mientras más condóminos participen, se tendrán más alternativas para evaluar la mejor. En este caso es conveniente que todo condómino que desee colaborar en esta fase esté consciente de que no solamente dará un contacto, sino que conseguirá una cotización con un proveedor de su confianza para presentarla a la persona encargada de coordinar el proyecto. Para que las propuestas sean comparables, indiquen claramente los criterios que deberá cumplir el proyecto.
3. Pongan una fecha límite para recibir propuestas y evalúen las propuestas recibidas poniendo mucha atención en la relación calidad-precio. Tengan mucho cuidado en no elegir una opción solamente porque sea la más barata. Como dice el dicho, lo barato cuesta caro, y les puedo compartir que por experiencia esto es muy cierto. En una ocasión se contrató un servicio muy barato de jardinería que prometía mucho. Por un pelito y los condóminos se quedan sin jardín. Y verifiquen quien tiene la autoridad para autorizar el proyecto. Por ejemplo, todo proyecto que involucre construcción tiene que estar autorizado por el Comité Técnico. Y, sobre todo, asesórense bien si no son expertos en el tema.
4. Si el presupuesto excede la cantidad que puede autorizar el consejo de acuerdo al reglamento del condominio, presenten la propuesta a la asamblea. Deben hacer esta presentación de manera muy formal. Presenten claramente los beneficios y los costos y tengan a la mano toda la información de soporte que los condóminos puedan requerir. Adelántense a lo que puedan preguntar y vayan preparados. Una gran parte de conseguir la

aprobación de la asamblea para un proyecto depende de la preparación dedicada a los detalles.
5. Una vez aprobada la propuesta, nombren a un miembro de la mesa directiva o a un colaborador de apoyo que desee llevar a cabo su implementación para que le dé seguimiento.
6. Comuniquen a todos los avances y la terminación.
7. Agradezcan a todos su participación.
8. Disfruten su nuevo proyecto.

Un punto a resaltar en cuanto a nuevos proyectos y también a mantenimiento es que tengan sumo cuidado si contratan a condóminos como proveedores. En este caso tienen que desprender fríamente el rol de condómino y el de proveedor y exigir objetivamente que el trabajo realizado por el proveedor-condómino cumpla con las especificaciones de calidad en el costo y tiempo establecido. Les recomiendo hacer un contrato de prestación de servicios donde desde el principio acuerden cuál es el trabajo a desarrollar, las especificaciones mencionadas y qué se va a hacer si las cosas salen mal. Esto les evitará muchos quebraderos de cabeza.

LA MESA DIRECTIVA... GUÍAS Y RESPONSABLES

Para la realización de las funciones del Administrador, el consejo puede nombrar, como ya mencionaba anteriormente, a un administrador profesional que recibe el nombre de gestor, el cual se encarga de llevar a cabo los grupos de actividades detallados anteriormente y proporciona su propio personal de apoyo. La mesa directiva tiene a cargo su supervisión y el gestor debe entregar informes mensuales de su labor. Y en este punto me gustaría insistir: además de verificar los antecedentes del administrador profesional para contratarlo, establezcan buenos controles para evaluar su desempeño. En este punto he tenido conocimiento de malas experiencias: administradores que no realizan su encomienda de manera eficiente o, en casos extremos, que se comportan de forma deshonesta. El modelo que he observado que resulta mejor es el de una mesa directiva más operativa apoyada por un ejecutivo de administración y personal contratado para atender las diferentes áreas. "El que tiene tienda que la atienda."

En cualquier caso, los miembros del Consejo determinan qué labores desean llevar a cabo personalmente y, por tanto, qué responsabilidades van a asignar al gestor y cuáles serán las de cada miembro del consejo.

Depende del gusto y estilo de cada mesa directiva decidir cómo desean llevar a cabo cada punto; por ejemplo, cómo van a dar atención a las quejas y sugerencias de los condóminos, como van a incorporar las propuestas de los condóminos a la asamblea, cómo van a informar, cuáles serán las políticas para autorizar los cheques, etc. Y es necesario poner todo esto por escrito, pero no para que se quede como letra muerta sino para apoyar su realización y seguimiento.

Al principio de su gestión la mesa directiva se pondrá de acuerdo sobre **cómo van a tomar decisiones**, qué harán si hay algún asunto que no pueda esperar a una reunión y que necesita el consenso del consejo para su ejecución y qué harán si surge algún desacuerdo. Tengan decidido de antemano cómo lo van a realizar.

Acción: Escriban y guarden una minuta de cada reunión de consejo que contenga fecha, asistentes y desarrollo de la orden del día. Y si toman decisiones vía correo electrónico, guarden el correo con las respuestas sobre las votaciones individuales. Resulta muy práctico llevar a las reuniones un documento con el siguiente formato e irlo llenando en el transcurso de las mismas para no tener que transcribir después las notas tomadas.

Reunión de consejo del día _____

Asistentes _____

Orden del día:

1. Asunto A
2. Asunto B
3. Asunto C

Indicar en cada punto si necesita presupuesto o cualquier información adicional con la que se cuente y que se deba compartir. Así se ahorra tiempo en la reunión y se sigue un orden adecuado.

También es importante definir cuáles van a ser sus "reglas de trabajo de equipo": qué esperan de cada uno, cuándo y cómo van a organizar sus reuniones, puntualidad, cómo se mantendrán en comunicación, qué hacer cuando algún miembro se ausenta por un periodo largo del condominio, etc.

Desde un principio se debe decidir cómo desean solucionar algún conflicto que surja entre los miembros del equipo y poner todo por escrito en una minuta.

Para el buen desempeño de su labor los miembros del consejo deben estar siempre **bien comunicados**, y poner todo su empeño en estar bien integrados como equipo.

Los consejos que doy en la sección "Fomento de un clima de armonía en el condominio" les pueden ser de utilidad para integrarse mejor.

Cuando los colaboradores logran formar un equipo interdependiente, cordial y efectivo se logran enormes avances en los condominios. Y realmente sólo con este tipo de trabajo se puede sacar todo adelante.

El ser un miembro del Consejo de Administración supone una gran responsabilidad, pero es también una gran satisfacción saber que su trabajo contribuye al desarrollo y armonía del condominio.

Una reflexión para la persona o personas que ejerzan la administración: No esperen que sus decisiones sean siempre del agrado de todos. Nuestra misma heterogeneidad nos hace desear diferentes cosas. Den siempre lo mejor de sí y siéntanse satisfechos si sus hechos satisfacen a la mayoría y a ustedes mismos.

Un último consejo en este punto: Pertenecer a la mesa directiva requiere tiempo. Si no pueden disponer de éste por sus labores cotidianas, mejor absténganse de participar en él y cooperen con su condominio de otra manera.

Cambio de mesa directiva.

Para facilitar el cambio de mesa directiva se puede elegir a la nueva mesa directiva tres o cuatro meses antes de que entre en funciones para que en ese tiempo los nuevos miembros se empapen de cómo funcionan las cosas en el condominio. La administración tiene muchos procesos y su falta de conocimiento puede conducir a decisiones equivocadas. Resulta muy productivo fomentar la continuidad de las cosas que han salido bien sin que la nueva mesa directiva haga cambios drásticos hasta que tenga la suficiente información y experiencia para hacerlo.

Para llevar a cabo la votación de manera más rápida y eficiente se puede informar a los condóminos con tiempo los nombres de los interesados en participar para que preparen su voto.

Cuando se eligen nuevos miembros de la mesa directiva se lleva a cabo un acto de entrega-recepción.

La mesa directiva saliente debe entregar cuentas de lo realizado en su administración. Debe entregar estados financieros completos y actualizados, informe del trabajo realizado e inventario de los bienes de propiedad común indicando su estado. La mesa directiva entrante debe revisar el material entregado. Si encuentra alguna falla y no la denuncia, es responsable junto con la mesa saliente de las consecuencias que se presenten.

El acta de entrega-recepción puede estar contenida dentro de la asamblea donde se elija a la nueva mesa directiva y es un documento valioso para determinar responsabilidades de las mesas saliente y entrante.

Y una vez protocolizada el acta de esta asamblea se deben seguir los siguientes pasos:

- Dar de alta en la cuenta de cheques las firmas de los miembros del consejo que sustituirán las anteriores.
- Decidir qué proveedores continuarán utilizando para los diferentes servicios y cuáles se cambiarán.
- Organizarse como se indica en capítulos anteriores.

Analicen desde un principio todas las actividades que conlleva la administración del condominio, cuál es la función de cada persona, cómo van a asignar responsabilidades, qué tiempo tienen disponible en común para la realización de las juntas, qué método van a utilizar para estar en contacto, tanto entre los miembros de la mesa directiva como con el gestor y qué método van a utilizar para tomar decisiones.

Participación activa de los que no integran la mesa directiva

El condominio no puede tener tantas cabezas como condóminos haya. Imagínense qué problema causaría que todos los condóminos pudieran dar órdenes a todo el personal de apoyo. Les aseguro que habría un condómino que daría una orden "x" y otro que daría exactamente la orden contraria.

Para que haya un buen principio de autoridad los condóminos deben respetar a la persona designada para organizar, dirigir y controlar las operaciones del condominio y que también será responsable de dirigir al personal de apoyo.

Pero esto no quiere decir que el condómino sea totalmente ajeno a la administración.

Todo condómino participa en la administración:

- Al asistir a la asamblea y participar con su voto.
- Al cumplir con sus obligaciones hacia el condominio (reglamentos, cuotas, etc.).
- Al ser vecino vigilante.
- Al ser colaborador en cualquier Proyecto.
- Al observar mejoras posibles y enviar sus propuestas a la administración.

LÍMITES EN LAS FUNCIONES DEL ADMINISTRADOR

Los límites del administrador son muy importantes y están delimitados por la ley, los reglamentos del condominio y los estatutos de la asociación, en su caso.

El administrador nombrado por asamblea está sujeto a la supervisión del Comité de Vigilancia. Lo que puede y no puede hacer está detallado en primer término en la ley de condominios de cada estado. Además, los reglamentos internos detallan específicamente qué funciones puede y debe realizar el administrador. En el acta constitutiva de la asociación también se detalla qué poderes legales tiene el consejo. Y recuerden, el consejo toma decisiones por mayoría. Y el mismo consejo indica a sus colaboradores qué decisiones puede tomar una persona sin pedir el acuerdo de los demás especificando claramente los límites.

En cualquier caso, para que pueda ejercer sus funciones en un marco legal, el administrador debe tener poderes de administración y para pleitos y cobranzas. En ningún caso puede tener poderes de dominio. El papel del administrador es precisamente administrar los bienes comunes, pero NO es propietario de ellos ni puede actuar como si fuera el propietario. Su rol es ciento por ciento representativo.

> **El administrador es un custodio de los bienes del condominio, pero, como expresé en el párrafo anterior, no es el propietario ni tampoco el patrón de los condóminos. Comprender este punto es esencial para evitar conflictos. Respetar la voluntad de la mayoría y no tomar decisiones de manera independiente o con prepotencia son dos requisitos esenciales para nutrir la confianza en el trabajo del administrador.**

Y otro límite determinante que tiene el administrador es el respeto a los derechos individuales. El administrador se aboca a resolver los problemas que conciernen a los bienes condominales o a los condóminos en su conjunto, pero de ninguna manera puede involucrarse ni resolver problemas privados. En problemas entre condóminos puede ser un mediador, pero nada más. El administrador no es juez ni es policía. En estos casos puede sugerir, pero no exigir.

Si desafortunadamente se presenta un problema entre condóminos que exige la actuación de una autoridad superior, para eso están las instancias gubernamentales.

COMUNICACIÓN ENTRE LA ADMINISTRACIÓN Y LOS CONDÓMINOS

Actualmente el correo electrónico y las redes sociales son un medio eficiente para que la administración se comunique con los condóminos. Sin embargo, también puede hacerlo mediante lonas en la entrada, de manera telefónica o enviando comunicados escritos. Por esto es sumamente importante que la administración cuente con los datos de contacto de todos los condóminos, sean propietarios residentes, propietarios que no viven dentro del condominio, o inquilinos. Lo ideal es que la persona que vende o renta proporcione los datos de la persona que compra o de su inquilino a la administración, pero si lo omite, es necesario que **el nuevo propietario o inquilino proporcione sus datos** a la administración. De esta manera se asegura de recibir la información que emite la administración.

La administración debe contar en caso de residentes (condóminos o inquilinos) con el nombre completo del condómino y de su cónyuge, teléfonos de casa y oficina, teléfonos celulares de ambos, correo electrónico o correos donde desean recibir la información; en caso de condóminos no residentes nombre completo del condómino y de su cónyuge, teléfonos de casa y oficina, teléfonos celulares de ambos, correo electrónico o correos donde desean recibir la información y dirección completa indicando calle, número, colonia, ciudad, estado y código postal.

Periódicamente la administración puede enviar a los condóminos una nota informativa para dar a conocer los avances, problemas o proyectos que se presentan en el condominio.

Aunque el ignorar la existencia de un reglamento no impide su obligatoriedad, mientras más informados estén los condóminos, mejor funcionará la vida en el condominio.

A su llegada los nuevos propietarios o inquilinos pueden solicitar a la administración una copia digital de los reglamentos de administración y construcción, procedimiento de construcción, actas de asamblea, consignas de seguridad y hojas informativas pasadas para que cuenten con toda la información necesaria para su rápida integración en la comunidad.

La Administración también puede tener un paquete de información de bienvenida para que todo nuevo residente esté enterado de los principios que rigen la vida del condominio.

La Asamblea

Las asambleas pueden convertirse en espacios de diálogo y discusión objetiva y constructiva donde se logran acuerdos benéficos para todos o en espacios donde el diálogo desaparece para quedar sustituido por monólogos, ofensas y expresión de conceptos que se quieren imponer de manera unilateral. Estar presente cuando esto último sucede es muy desagradable. El resultado es que se logran pocos acuerdos, muchas personas se retiran antes de la terminación de la asamblea y muchos más quedan invitados a no volver a participar. No podemos obligar a las personas a actuar de manera positiva, pero, como mesa directiva, podemos favorecer un ambiente de cordialidad entregando información oportuna y organizando las asambleas de manera óptima.

Es obligatorio celebrar una asamblea anualmente[2], pero pueden llevarse a cabo asambleas extraordinarias si la administración lo considera necesario. En la asamblea anual, además de los temas que se necesite, se presentan a la asamblea los informes financiero y administrativo del año, se ratifica o se nombra nueva mesa directiva y se aprueban el presupuesto y las cuotas de mantenimiento del siguiente año. En la asamblea anual se aprueba el desempeño del administrador y los resultados financieros que presenta.

---

[2] La obligatoriedad de la frecuencia de las asambleas puede variar según la ley del estado que corresponda.

Como la asamblea es la autoridad de mayor nivel del condominio, es fundamental cuidar todos los detalles, sobre todo legales, en su realización para que sus acuerdos sean válidos.

Para asegurar que las votaciones de la asamblea se realizan por condóminos con derecho a voto es indispensable que al firmar la lista de asistencia cada condómino:

1. Se identifique con una credencial oficial.
2. Compruebe propiedad mediante la presentación de copia de pago reciente de predial o copia de la primera hoja de la escritura. Esto puede hacerse previamente ante el administrador.
3. Se encuentre al corriente en el pago de cuotas ordinarias y extraordinarias.

Orden del día

Es responsabilidad del consejo elegir los puntos a tratar en una asamblea en base a las necesidades que se presentan para poder llegar a acuerdos con respecto a su solución.

Los temas a tratar forman la orden del día de la asamblea que se hará llegar a los condóminos en la convocatoria.

De manera indispensable la orden del día debe contener los siguientes puntos:

a. Lista de asistencia (para poder determinar el quórum).
b. Nombramiento de moderador (para llevar a cabo las discusiones de forma ordenada) y escrutadores (los que van a contar los votos).

c. Nombramiento de presidente y secretario de la asamblea. Es común que sean el presidente y secretario de la mesa directiva, pero en su ausencia se puede nombrar a otro condómino.
d. Punto por punto, cada uno de los asuntos específicos a tratar incluyendo necesariamente los informes de la situación financiera del condominio y de los principales avances y problemas.
e. Asuntos generales
f. Nombramiento del responsable de protocolización del acta.

Sobre los puntos a tratar se realizarán ACUERDOS que deberán ser aprobados por mayoría o por unanimidad. Estos acuerdos serán obligatorios para todos los condóminos, hayan o no asistido a la asamblea y hayan o no estado de acuerdo.

Actividades antes de la asamblea.

Convocatoria

Por ley se debe hacer una convocatoria debidamente redactada y hacerse llegar a los condóminos con suficiente anticipación. Al utilizar todos los medios posibles: correo electrónico, mensajería, publicación en los principales diarios del estado o del país, entrega casa por casa, etc. se logra una mayor participación. Las leyes estatales y municipales indican los tiempos mínimos y los medios mínimos para la publicación de las convocatorias. Generalmente la ley indica un plazo de anticipación de 10 días hábiles y, como mínimo, la publicación de la convocatoria en un lugar visible del condominio.

Además de la convocatoria oficial, ayuda mucho poner cartelones con la fecha de la asamblea y una frase de invitación en lugares visibles del condominio, enviar correos con recordatorios, entregar recordatorios casa por casa u ofrecer algún incentivo simbólico para los que asistan. Por ejemplo, se puede solicitar a los condóminos que donen algunos pasteles para rifarlos.

La convocatoria debe indicar la fecha, hora y lugar en la que se llevará a cabo la asamblea y los artículos del condominio y/o del código urbano que indican la obligatoriedad de esta asamblea. Consideren que, generalmente, la hora a la que se cita se considera la Primera Convocatoria, a los 15 minutos es la 2ª y a los siguientes 15 minutos la 3ª. Esto es necesario para determinar el quórum que hace válida la asamblea. Lo explico en el siguiente apartado.

Debe incluir también la orden del día y los nombres de quienes convocan. Generalmente convoca el Administrador, pero también puede convocar el Comité de Vigilancia. Si el 25% de los condóminos desean que se realice una asamblea extraordinaria para tratar algún hecho en especial, tienen derecho a que se realice.[3]

Para que no quede duda para los asistentes, mencionen en la convocatoria que:

> *"Solamente los propietarios presentes y/o representados legalmente podrán votar sobre las resoluciones y acuerdos que se presenten en la asamblea siempre y cuando no tengan adeudo alguno con el condominio.*
>
> *Asimismo, se les notifica que en base al artículo tal y tal del Código Urbano para el Estado de tal, lo acordado en esta asamblea obliga a todos los condóminos incluyendo a los ausentes y disidentes.*[4]

---

[3] Estos números varían de estado a estado. Por ejemplo, en el Distrito Federal dependen del número de unidades privativas que tenga el condominio.
[4] Por favor consulten qué artículo sustenta esta aseveración en la ley que corresponda a su estado.

A su entrada cada condómino deberá mostrar una credencial oficial vigente y comprobante de propiedad."

El aspecto legal siempre se tiene que cuidar mucho para evitar que el día de mañana en algún proceso de cobranza el deudor vaya a recurrir a una pequeña falla de formato legal en el acta para argüir su invalidez.

¿Quién puede votar?

Todos los condóminos que **estén al corriente en sus pagos** pueden votar. Por cada lote se tiene un voto. Si la persona no está al corriente en sus pagos, puede expresar sus opiniones, pero no puede votar en los acuerdos. Si la persona no puede asistir a la asamblea, puede nombrar a un representante para que acuda en su lugar. Sólo es necesario que le dé una carta poder simple.[5]

---

[5] El número de representados que una persona puede tener varía de estado a estado. Por ejemplo, en el Distrito Federal una persona

Se requiere que haya quórum, o sea, suficientes asistentes, para que los acuerdos sean válidos. Si la asamblea se comienza en punto de la hora marcada para la primera convocatoria generalmente el quórum para que los acuerdos sean válidos debe estar integrado por el 75% de los condóminos que tengan derecho a voto; si se comienza en 2ª convocatoria el quórum debe estar integrado por el 51% y si se realiza en 3ª convocatoria los acuerdos se toman simplemente por la mayoría de los votantes presentes. Por favor verifiquen en las leyes de su Estado y en sus reglamentos internos.

¿Cómo se toman los acuerdos?

Los acuerdos se toman por mayoría simple; es decir, una propuesta se acuerda con que el número de votos de los que dicen SI sea de la mitad de los asistentes más uno. Por ejemplo, si asisten 30 condóminos, la mitad es 15. Los acuerdos que reciban 16 o más votos, quedan aprobados. En algunos estados de la República Mexicana, si una persona representa más del 50% de los votos, se requiere además el 50% de los votos restantes para que un acuerdo se apruebe. Recuerden consultar el código urbano o ley de condominios que corresponda a su Estado.

Y este punto reviste singular importancia para la vida del condominio porque los acuerdos tomados por mayoría **obligan a todos los condóminos**, aun a los que votaron en contra o no asistieron. De aquí surgen muchos problemas. Para fomentar que realmente la mayoría participe en las votaciones se puede utilizar la hoja de votación de la forma que explico en el siguiente punto.

---

solamente puede tener dos representaciones y el Administrador no puede representar a ningún condómino.

Hoja de votación

Para agilizar la votación una práctica útil es informar con tiempo a los condóminos de los detalles que rodean a cada tema y enviarles una hoja de votación para que previo a la asamblea vayan haciendo sus reflexiones y no se pierda tiempo en la asamblea en informes o discusiones que evitarán que se aproveche el tiempo de la asamblea de manera eficiente. Si hay muchas discusiones o se alarga mucho determinado tema, las personas se comienzan a retirar y al final los acuerdos se toman con muy pocos asistentes y no siempre resultan del agrado de todos a la hora de implementarlos.

Previo a la asamblea, emitir boletines semanales donde en cada boletín se toque un tema de asamblea ayuda a que las personas lleguen informadas. No incluyan demasiada información en un solo boletín. Es más fácil que las personas lean un par de hojas que siete u ocho hojas de información.

El formato de la hoja de votación también es una herramienta muy útil para registrar en la asamblea el resultado de cada votación y los acuerdos concertados. Con esta información es muy fácil redactar el acta. Les recomiendo que, si la persona no puede asistir a la asamblea, entregue su hoja de votación firmada por el suscrito a un representante que acuda en su lugar. Así se asegura que el representante votará con sus preferencias.

El formato es muy sencillo de hacer. Simplemente se hace una tabla con tres columnas y muchos renglones. Por ejemplo:

Hoja de votación de la Asociación / Condominio
_____ para la asamblea a celebrarse el día _____ del mes _____ del año de _____

Propuestas	A favor	En contra

Los candidatos a la mesa directiva deberán estar al corriente en sus pagos y presentar en su historial de pagos que se trata de condóminos que pagan puntualmente.		
A partir de tal mes y tal año la tasa de recargo será de 2% mensual.		
Y así sucesivamente.		

Lugar

El lugar debe ser suficiente para:

- Poner las sillas donde se sentarán los condóminos y sus acompañantes. Se puede estimar el número tomando en cuenta que no todos los condóminos asisten.
- Instalar las mesas del presídium
- Instalar el proyector y la pantalla
- Poner la mesa del café

Les recomiendo que el lugar esté bien iluminado y ventilado.

Equipamiento

Es necesario tener listos, como mínimo, para el día del evento:

- Suficientes sillas
- Mesas para el presídium
- Mesa y silla para el registro de condóminos
- Mesa para el servicio del café
- Proyector instalado y pantalla. Verifiquen su correcto funcionamiento un día antes de la asamblea.
- Extensiones para conectar los aparatos
- Micrófono y bocinas si es necesario. Es muy importante que todos los asistentes puedan escuchar bien las presentaciones.
- Micrófono inalámbrico para las preguntas (si es necesario)
- Lista de asistencia de los condóminos. El listado debe incluir a todos los condóminos e indicar nombre del condómino, su número de lote, si acreditó propiedad, datos de su identificación y si tiene o no derecho a voto. Debe incluir un espacio para que el condómino firme en la lista. La lista firmada es un requisito para que la asamblea tenga validez.
- Bolígrafos para que firmen la lista los condóminos

- Suficientes cartones para la votación. Estos se preparan recortando en hojas de cartulina un cuadro rojo y uno verde por cada lote. En cada cuadro se escribe con letra grande el número de lote. A cada condómino con derecho a voto se le entrega su juego de cartones. El rojo indica NO y el verde indica SI.
- Suficientes copias de la hoja de votación. Si se enviaron antes, es suficiente con unas pocas copias para los que las olvidaron y dos para los escrutadores.
- Etiquetas auto adheribles para que cada asistente escriba su nombre y se lo ponga. De esta manera se facilita la comunicación.
- Plumones para que los asistentes escriban sus nombres en las etiquetas
- Cafetera o dispensador de agua caliente, tazas o vasos para servirlo, café soluble o de grano (dependiendo de si se contará con cafetera o con dispensador de agua caliente), sobres de azúcar normal y de bajas calorías, sobres de crema para el café, sobres de té (si se cuenta con dispensador de agua caliente), servilletas, botellas individuales de agua y, si se desea, galletitas o bocadillos.
- Las computadoras o tabletas que sean necesarias. En la del colaborador a cargo de hacer la minuta, tener cargada la hoja de votación.
- Suficiente papel de baño y toallas de papel para los baños

Personal de apoyo

Es recomendable y, en algunos casos indispensable, contar con la colaboración de las siguientes personas:

- Los miembros de la mesa directiva que van a asistir a la asamblea. Las personas que van a presentar informes deben prepararlos con tiempo y respaldarlos con información objetiva.
- Uno o dos colaboradores para que registren a los asistentes y entreguen los cartones para la votación

- Un colaborador que entregue las etiquetas auto adheribles y vea que los asistentes escriben sus nombres y se los ponen
- Un colaborador que se encargue de preparar el lugar, preparar el café, instalar los aparatos necesarios y verificar que se cuenta con todo lo necesario en buenas condiciones de funcionamiento
- Uno o dos colaboradores que sean buenos para escribir rápido en la computadora para que tomen nota de la votación y de las observaciones que surjan con objeto de que puedan redactar la minuta de la asamblea. También se puede hacer de manera manual. La grabación puede ser una buena opción, pero es laborioso pasar después a computadora todo lo expuesto y es necesario que la grabación sea de muy buena calidad para que realmente se grabe todo. Funciona muy bien la hoja de votación pues así solamente hay que tomar nota de las observaciones.
- Un colaborador que sea anfitrión de la mesa de café para que esté pendiente si algo hace falta.

Acción:

Unos días antes de la asamblea preparen una lista de asistencia con las siguientes columnas:

- Número de lote
- Nombre completo de cada condómino
- Acreditó personalidad (Si, No)
- Derecho a voto (Si, No)
- Datos identificación oficial
- Firma

Mantengan esta lista actualizada hasta el día de la asamblea.

El día anterior a la asamblea

Tengan muy en cuenta:

- Verificar que se tiene todo el equipamiento necesario
- Verificar que los colaboradores de apoyo tienen todo lo que necesitan y saben qué van a hacer
- Verificar que las personas que van a dar informes tienen todos los datos que necesitan

Como ejemplo les comparto un correo que envié antes de una asamblea:

> *De: Presidenta del Consejo*
>
> *A: Administrador ejecutivo, Contadora, Encargado de mantenimiento*
>
> *ADMINISTRADOR EJECUTIVO:*
>
> *Como hablamos por teléfono, para la asamblea necesitamos que te encargues de lo siguiente.*
>
> 1. *Tu lugar es la mesa de registro. Ahí deberás tener la computadora portátil para poder dar información a los condóminos. Ten listos los estados financieros, reporte de cuentas por cobrar y reporte de movimientos del fondo para proyectos especiales. Y cualquier otra información que consideren que los condóminos pueden necesitar. Deberás tener también las hojas de asistencia, las papeletas para votar y las copias de las hojas de votación. Ten varios bolígrafos listos. También ten listo un plumón y las etiquetas para que se peguen su nombre.*

2. *Cuando lleguen los condóminos primero que nada deben firmar la hoja de asistencia. Revisas si están al corriente en sus pagos y a los que estén al corriente les entregas sus hojas de votación. Les pides que llenen y se pongan su etiqueta de identificación y les entregas también las hojas de votación. Asistente de apoyo, mejor saquen más copias para que todos puedan tener una.*

3. *Ahí permaneces durante la asamblea para registrar a los que van llegando.*

CONTADORA

Por favor lleva contigo todo lo que necesites para la hora de presentar la información financiera. El tesorero la presenta y tú lo respaldas para cualquier aclaración.

ENCARGADO DE MANTENIMENTO

Por favor te encargo que a las 9:15 ya tengas el salón limpio y con todo en su lugar. ¿Nos va a hacer favor el Sr. Fulanito de prestarnos la mesita?

GRACIAS A TODOS POR SU APOYO PARA QUE LA ASAMBLEA SE DESARROLLE CON EXITO.

- Para recordar a todos los asistentes que el ambiente ideal de una asamblea es de cordialidad y respeto, pueden preparar los siguientes letreros y colocarlos en lugar visible.

Bienvenidos a este espacio para acuerdos.

Gracias por utilizar lenguaje claro, objetivo y cordial.

¿Quejas o sugerencias?

1 – Describe el hecho.

2 – Describe la consecuencia.

3 – Describe tu propuesta.

¿Quieres expresar una opinión subjetiva?

Concéntrate en el hecho, NUNCA en la persona.

El día de la asamblea

Preparativos

- Dos horas antes: Efectuar la limpieza del lugar, colocar mesas, sillas y equipo
- Media hora antes: Poner en la mesa de registro la lista de asistencia, los cartones de votación, las etiquetas auto adheribles, plumones y bolígrafos.
- 20 minutos antes: Verificar que no falta nada, tanto en el salón como en los baños
- Quince minutos antes: Preparar el café y colocar galletas o bocadillos
- A la hora en punto de la cita: Que todos los colaboradores ocupen sus lugares para recibir a los asistentes.

Durante el desarrollo de la asamblea
- Comenzar a la hora en punto en que se citó
- Dar la bienvenida a los asistentes y declarar abierta la asamblea
- Elegir al presidente, secretario, moderador y escrutadores. Es una cortesía que el presidente de la asamblea sea el presidente de la asociación de condóminos y algún otro integrante de la mesa directiva puede ser el secretario.
- Recordar a los asistentes que si una persona se retira antes de la finalización de la asamblea y desea dejarle su voto a otra persona necesariamente debe escribir una carta poder simple a favor de la persona mencionada indicando esta voluntad y entregar la carta al administrador. El apoderado no podrá representar a más personas que las que legalmente se permita.
- Invitar a los asistentes a utilizar en todo momento lenguaje objetivo, amable y cortés
- Invitarlos a no exponer en la asamblea asuntos personales
- Invitarlos a expresar sus quejas o sugerencias siguiendo los tres pasos del acuerdo. (1) Describa el asunto que da origen a su queja o sugerencia; (2) Describa las consecuencias de ese hecho; (3) Haga una propuesta de solución. Este punto lo detallo en la sección de "¿Cómo resolver los conflictos?"

- Invitar a los asistentes a expresar sus colaboraciones de manera breve y concisa
- Invitarlos a respetar la orden del día e ir tratando los asuntos mencionados en ella de manera ordenada
- Realizar los informes de manera clara
- Escuchar con educación todas las participaciones sin burlarse de ninguna, aunque a alguna persona le parezca que no es relevante
- En caso de votaciones invitar a los asistentes a que levanten el cartón que indique su preferencia y que lo mantengan levantado hasta que los escrutadores hayan terminado el conteo
- Tomar nota a mano y/o en computadora de votaciones, acuerdos, observaciones, sugerencias, etc.

Para terminar la asamblea
- Leer los acuerdos para verificar que todos los asistentes están conformes con lo registrado.
- Agradecer a los asistentes su presencia

Otros consideraciones que se deben tomar en cuenta en la organización de una asamblea

Pongan mucho cuidado en la preparación de cada punto de la asamblea. Mesa directiva: prepárense bien con toda la información que sea necesaria para apoyar cada punto; hagan un estimado del tiempo que se le dedicará a cada tema y cuiden este tiempo durante el desarrollo de la misma.

> **En ningún momento permitan faltas de respeto a ninguna persona ni verbal ni físicamente.**

Una herramienta útil es poner en las paredes del salón gráficas o breviarios de información, el tiempo estimado que se le dedicará a cada tema, invitaciones a la concordia. Los asistentes pueden ir consultando esta información durante el tiempo de registro y se hace más eficiente el tiempo real de la asamblea.

> **Al redactar el acta de asamblea eviten hacer menciones personales pues puede dar lugar a molestias. Por ejemplo, en lugar de decir "Fulanito dijo", escriban "Se comentó que...".**

Por último, lo más pronto posible, lleven al Notario la lista de asistencia y la minuta de la asamblea debidamente firmada por el presidente de la asamblea, el secretario y los dos escrutadores. Todos tienen que firmar al final de la última hoja donde aparecerá su nombre completo y cargo en la asamblea y en los márgenes de todas las otras hojas.

El expediente de la asamblea debe integrar:

- Lista de asistencia debidamente firmada
- Minuta de la asamblea

- Documentos de apoyo como estados financieros mencionados u otros documentos que se hayan utilizado durante la misma.

Dediquen una carpeta en la oficina para guardar las actas de cada asamblea. Esta carpeta hace las veces de libro de actas.

Los condóminos agradecen mucho que lo más rápido posible se envíe a todos un resumen de los acuerdos de la asamblea y, en cuanto esté el acta protocolizada, que se envíe una versión digital. A los condóminos que no tienen acceso a internet se les puede invitar a acudir por una copia a la Administración.

Con esto podrán gozar de una asamblea cordial y eficiente. Después sigue lo más difícil: implementar los acuerdos.

Para eso la mesa directiva tiene que organizarse para asignar quién y cómo se le dará seguimiento a cada acuerdo.

En la última sección incluyo un ejemplo de un acta de asamblea.

Finanzas

Una de las preguntas que más recibo es: ¿Qué hacemos con los que no pagan? Y la preocupación está totalmente fundamentada.

Para poder dar un mantenimiento efectivo a las áreas condominales y contar con los servicios necesarios de administración, contabilidad, agua, luz, mantenimiento, jardinería y vigilancia, es indispensable que los condóminos **cumplan oportunamente** con el pago de sus cuotas (mantenimiento, fondo de reserva, consumo de agua y cuotas extraordinarias). Además, es una obligación legal en el régimen de condominios.

Sin embargo, así como tienen esta obligación, los condóminos tienen derecho a que el administrador entregue cuentas de cómo está manejando el dinero de la comunidad. Para lograr este objetivo es indispensable que el administrador sea una persona honesta y que cuente con los sistemas adecuados para el debido control de las cuotas.

De esta manera el control de los recursos será transparente y se contará con los elementos legales necesarios para ejercer una cobranza judicial.

Control de Ingresos y Egresos

Fondos

Las cuotas de mantenimiento determinadas en asamblea sirven para pagar los servicios técnicos o profesionales contratados (administración, vigilancia, contabilidad y mantenimiento), los servicios como agua, luz y teléfono, y los gastos que se generen por la compra de productos necesarios para dar el mantenimiento como los productos de limpieza, químicos para la alberca (en su caso), herramientas de consumo, materiales para jardinería, limpieza de vialidades, recolección de basura, papelería, etc. Las cuotas de mantenimiento forman el **fondo de operación**.

> **El tesorero siempre debe exigir y conservar comprobantes de todos los pagos que realice. Y estos comprobantes deben cumplir con todos los requisitos fiscales. Una Asociación Civil legalmente constituida tiene obligación de efectuar sus operaciones de esta manera. Y, además, hacerlo así da seguridad a los condóminos de que el administrador está actuando de manera correcta.**

Al principio de un condominio es necesario que cada condómino pague tres mensualidades para formar el **fondo de reserva** que se utiliza, como su nombre lo indica, para cubrir cualquier eventualidad en caso de que no sea suficiente el fondo de operación. Si el administrador se ve obligado a gastar de este fondo, los condóminos deberán aportar una cuota extraordinaria para reponerlo.

Si el condominio se surte de agua a través de un solo macro medidor se crea el **fondo para pagos de agua** donde se deposita el dinero recaudado de los condóminos para el pago del recibo de agua.

Las cuotas extraordinarias determinadas en asamblea se dan para algún proyecto en especial y es necesario registrarlas en el **fondo de mejoras** o crear algún fondo con el nombre del proyecto si la asamblea decidió recaudar una cuota específica exclusivamente para éste. En ese fondo se reciben las aportaciones y se registran los pagos realizados para llevar a cabo el proyecto.

Si en el condominio se están construyendo casas que deban cumplir con algún reglamento en especial, es necesario formar también el **fondo de depósitos en garantía**, donde se depositan los pagos determinados en asamblea que garantizan que el constructor cumplirá con los requisitos que debe cumplir la construcción. El administrador **no puede hacer uso** del fondo de depósitos en garantía pues en el momento que el constructor termina, tiene que devolver los fondos si la obra cumple con los requisitos. Si no cumple, entonces el dinero del depósito en garantía se transfiere al fondo de operación.

Los cobros por revisión de planos determinados por asamblea sirven precisamente para eso, para pagar sus honorarios al arquitecto que se contrate para revisar al principio de cada obra que los planos cumplen con las especificaciones del reglamento. Estos honorarios también pueden incluir una o dos revisiones en el transcurso de la obra para asegurar que la construcción se está llevando a cabo de acuerdo a lo estipulado. Estos cobros pueden registrarse en el fondo de operación.

> **El administrador siempre debe dar al condómino un recibo por cualquier pago de cuotas que éste efectúe y el recibo debe cumplir con los requisitos fiscales. Pero, cuidado, el administrador siempre debe verificar que el pago se refleje en la cuenta de bancos antes de expedir el recibo.**

En cada fondo se deben registrar las entradas y las salidas de ese fondo; es decir, se debe tener registro de las cantidades que se reciben de los condóminos para ese propósito y los gastos que se realizan para el mismo. De cada entrada y de cada salida siempre debe haber un comprobante.

Y aquí comienza la complejidad en el control de los ingresos pues es necesario llevar un registro claro de a qué fondo se destina cada pago recibido.

Es necesario contar con una cuenta bancaria y lo ideal es que cuente con el servicio de depósitos referenciados. Para facilitar la cobranza se pueden recibir pagos en la oficina que pueden realizarse con cheque o tarjeta bancaria. Asimismo, el condómino puede realizar sus pagos por transferencia electrónica indicando claramente la referencia para poder identificar su pago. Recibir pagos en efectivo es sumamente riesgoso y puede invitar al hurto. Además, es más transparente que todo se refleje en los estados de cuenta del banco.

Para que la asociación abra una cuenta en el banco de su preferencia, es necesario presentar el acta constitutiva de la asociación, identificación de los integrantes de la mesa directiva que tendrán derecho a firma, comprobante de domicilio y especificación clara de quiénes firmarán en forma mancomunada. Por ejemplo, en algunos bancos existen dos tipos de firmas, el A y el B. La firma del A puede ir con otra A o con una B, pero la firma del B siempre tiene que ir acompañada de una A. También es necesario especificar quiénes tendrán acceso a la cuenta de manera electrónica y con qué derechos. Es útil dar un acceso limitado a consulta a la persona o firma encargada de la contabilidad para que pueda consultar los movimientos diarios de la cuenta.

Al abrir la cuenta es sumamente importante que quede claro que el o los apoderados legales son las personas que ocupan el cargo de presidente, secretario o tesorero de la mesa directiva que se encuentre en funciones para facilitar el cambio de firmas cuando se cambie la mesa directiva.

Platiquen todo esto con el ejecutivo de cuenta que los atienda en el banco de su preferencia para evitarse problemas futuros. E infórmense bien de algún otro requisito del banco.

Para evitar contrariedades, antes de abrir la cuenta infórmense bien de todas las comisiones y rendimientos que ofrecen los diferentes tipos de cuentas para maximizar el rendimiento de sus cuotas y para que puedan recibir pagos por transferencia, cheque y tarjeta de débito o crédito.

Para facilitar el control de los diferentes fondos les recomiendo que abran dos cuentas en el banco, una para manejar en ella los fondos que se manejan continuamente y otra para manejar el fondo de reserva y los depósitos en garantía, en su caso. ¿Por qué? El fondo de reserva y los depósitos en garantía solamente se ocupan, respectivamente, en caso de una eventualidad o cuando se le regresa su depósito al constructor, por lo que es mejor tenerlos por separado, y de preferencia en una cuenta de inversión.

El control de la primera cuenta, a la que llamaré *cuenta corriente*, se puede llevar en una hoja de Excel utilizando una pestaña del libro para cada fondo.

Por ejemplo: imaginen que deseamos controlar los siguientes fondos.

1. Fondo de operación
2. Fondo de mejoras
3. Fondo de agua

Abro una pestaña para cada fondo.

En cada pestaña escribo en el primer renglón los siguientes conceptos utilizando una columna para cada concepto.

   a. Fecha
   b. Número de fondo (por claridad)
   c. Referencia de la operación (puede ser el número de cheque que emitimos, número de folio del recibo de ingresos, número de factura por servicios o productos comprados)
   d. Número de lote (para identificar los ingresos)
   e. Concepto
   f. Debe (dinero que se recibe de los condóminos)

g. Haber (dinero que se utiliza para pagar gastos)
h. Saldo (dinero que está disponible en ese fondo).

OJO: En estos fondos, los saldos NO pueden tener números menores a CERO. Si llegan a 0 es que ya se les acabó el dinero.

Y luego formulo la columna de saldo de la siguiente manera:

CONTROL DE FONDO DE OPERACIÓN

FECHA	FONDO	REF.	No. LOTE	CONCEPTO	DEBE	HABER	SALDO
01-jun	1	X	x	Primer depósito recibido	A	B	A-B=S1
01-jun	1	X	x	Concepto X	C	D	S1+C-D=S2
01-jun	1	X	x	Concepto X	E	F	S2+E-F=S3
03-jun	1	X	x	Concepto X	G	H	S3+G-H=S4
				Y así sucesivamente.			ETC.

El saldo del primer renglón es la cantidad que aparezca en A menos la cantidad que aparezca en B. El saldo del segundo renglón es el saldo anterior más la cantidad que aparezca en C menos la cantidad que aparezca en D. El saldo del siguiente renglón es el saldo anterior más la cantidad que aparezca en E menos la cantidad que aparezca en F y así sucesivamente. De esta manera cuando comienzo a llenar mis renglones, automáticamente tengo el saldo de la cuenta.

CONTROL DE FONDO DE OPERACIÓN

FECHA	FONDO	REF.	No. LOTE	CONCEPTO	DEBE	HABER	SALDO
							0
01-jun	1	287	36	Cuota mantenimiento junio	1000		1000
01-jun	1	288	40	Cuota mantenimiento junio	1000		2000
03-jun	1	289	24	Cuota mantenimiento junio	1000		3000
03-jun	1	290	30	Cuota mantenimiento junio	1000		4000
04-jun	1	291	27	Cuota mantenimiento junio	1000		5000
10-jun	1	R44		Honorarios al contador		800	4200
11-jun	1	R58		Compra de limpiadores		400	3800
				Y así sucesivamente.			3800

Aplico filtro al renglón de conceptos para poder realizar diferentes análisis. Con el filtro pueden ordenar su información como deseen.

Y hago lo mismo en cada pestaña para cada fondo. Desde luego la suma del saldo de los cuatro fondos debe ser la cantidad que tengo en el banco en la cuenta corriente.

Puedo abrir otra hoja de Excel y hacer lo mismo para la cuenta que tiene menos movimiento, a la que llamaré *cuenta de inversión*. En esta tendré una pestaña para fondo de reserva, que recibirá el número 5, y otra para depósitos en garantía, que recibirá el número 6. La suma de los saldos de ambos fondos me tiene que dar el dinero que tengo en la cuenta de inversión. El renglón de conceptos es igual a los anteriores y la columna de saldo se formula también igual.

Por ejemplo:

CONTROL DE FONDO DE CONSTRUCCION

FECHA	FOND	REF	No. LOT	CONCEPTO	DEBE	HABER	SALDO
01-jun	5	X	x	Primer depósito recibido	A	B	A-B=S1
01-jun	5	X	x	Concepto X	C	D	S1+C-D=S2
01-jun	5	X	x	Concepto X	E	F	S2+E-F=S3
03-jun	5	X	x	Concepto X	G	H	S3+G-H=S4
				Y así sucesivamente.			ETC.

CONTROL DE FONDO DE CONSTRUCCION

FECHA	FOND	REF	No. LOT	CONCEPTO	DEBE	HABER	SALDO
							0
01-jun	5	301	4	Pago por revisión de planos	1000		1000
01-jun	5	302	6	Pago por revisión de planos	1000		2000
03-jun	5	R59	4	Pago al arquitecto por 1a revisión		500	1500
03-jun	5	303	10	Pago por revisión de planos	1000		2500
04-jun	5	304	45	Pago por revisión de planos	1000		3500
10-jun	5	R90	45	Pago al arquitecto por 1a revisión		500	3000
10-jul	5	R102	4	Pago al arquitecto por 2a revisión		400	2600
				Y así sucesivamente.			2600

Para poder llevar un buen control de cuentas por cobrar es necesario registrar en una hoja de Excel las cuotas que deba pagar y los pagos que realiza cada condómino en una hoja por separado o en una hoja integradora con una pestaña dedicada exclusivamente a cada uno. Por ejemplo:

REGISTRO INDIVIDUAL DE PAGOS LOTE 1

FECHA	FOND	REF	No. LOT	CONCEPTO	DEBE	HABER	SALDO
01-jun	X	X	1	Cuota de mto. por pagar del mes...	A	B	A-B=S1
01-jun	X	X	1	Pago de mantenimiento del mes...	C	D	S1+C-D=S2
01-jun	X	X	1	Cuota extraordinaria por pagar	E	F	S2+E-F=S3
03-jun	X	X	1	Revisión de planos por pagar	G	H	S3+G-H=S4
04-jun	X	X	1	Pago por revisión de planos	J	L	S4+J-L=S5
				Y así sucesivamente.			ETC.

REGISTRO INDIVIDUAL DE PAGOS LOTE 36

FECHA	FOND	REF	No. LOT	CONCEPTO	DEBE	HABER	SALDO
01-jun	1		36	Cuota de mto. por pagar de junio		1000	-1000
01-jun	1	287	36	Pago mantenimiento junio	1000		0
01-jul	1		36	Cuota de mto. por pagar de julio		1000	-1000
01-ago	1		36	Cuota de mto. por pagar de agosto		1000	-2000
08-ago	1	384	36	Pago a cuenta adeudo	1500		-500
				Y así sucesivamente.			-500

La columna de saldo se formula igual que en las hojas anteriores. En el primer renglón se registra a principio de mes en la columna *HABER* la primera cuota de mantenimiento que tiene que pagar el condómino. Después se registra el pago en la columna *DEBE*, si este pago se realiza. Cada día primero del mes siguiente se registra en el *HABER* la cuota de mantenimiento por pagar de ese mes para cada condómino, y así sucesivamente. También hay que registrar en la columna *HABER* cualquier adeudo que se genere por condómino, como cuota de agua por pagar o cuota extraordinaria por pagar. Si la columna de saldo está en ceros, el condómino no debe nada. Si aparece alguna cantidad negativa en la columna de saldo indica que el condómino debe. Si la cantidad es positiva significa que pagó por adelantado.

Cuando el condómino paga, su pago se registra tanto en el control del fondo de que se trate como en el control individual del condómino. Por ejemplo, si recibimos el pago de mantenimiento de la casa B40, lo registramos en fondo de operación y en la cuenta del condómino.

Es muy útil tener en todos los controles los mismos conceptos. Así cuando el condómino paga, se hace el registro en el fondo de operación y simplemente se copia el renglón en su registro individual.

Lo más tardado es registrar en cada registro individual los adeudos que se generan.

Con esta sencilla herramienta pueden explicar al condómino exactamente cuánto debe y para cualquier aclaración cuentan con la información para darla. *"Me pagaste el día tal tanto dinero con el recibo número tal. Te falta por pagar tal y cual cuota o tu consumo de agua de tal mes."*

Si tienen muchos condóminos, este registro puede resultar muy laborioso.

Desde luego pueden recurrir a su contador para analizar otras alternativas de control mediante algún programa comercial de contabilidad. Las hojas de Excel es lo más sencillo, aunque en el caso del control individual de cuentas por cobrar, esto se convierte en una tarea muy tediosa y donde fácilmente se cometen errores.

Actualmente existen muy buenos programas que facilitan estas operaciones.

Aun así, pongan mucho cuidado en registrar las operaciones con exactitud, de manera oportuna y con su documentación de soporte. No se atrasen en su registro porque después cuesta muchísimo trabajo poner las cosas al corriente.

Aunque tengan un sistema de contabilidad les recomiendo que de todas formas lleven su control de fondos de la cuenta corriente actualizado al día. Así se evitan largas esperas para que el contador les pueda dar información.

Y otra cosa, si deciden que todo este control lo lleve el contador, desde un principio indíquenle que en la información que les entregue necesitan que tenga identificados:

- ✓ El total de fondo de reserva y el detalle de quienes lo han pagado y qué cantidad ha pagado cada quien (pues a veces hacen pagos parciales).
- ✓ El total de fondos especiales y su detalle.

- ✓ El total del fondo de depósitos en garantía y su detalle por condómino.
- ✓ El reporte individual de las cuotas por pagar de cada condómino y de los pagos recibidos.

Acuerden con su contador los medios de comunicación que utilizarán en su relación con él para que les pueda dar información en el momento que la soliciten.

Recuerden que *papelito habla*. El administrador tiene la obligación de entregar un recibo o factura por cada cantidad que se reciba (por cualquier medio: transferencia, cheque, cobro por tarjeta) y debe contar con un recibo para cada gasto que se efectúe. Todos los comprobantes deben cumplir con los requisitos fiscales que correspondan. En este rubro es vital que el tesorero investigue adecuadamente este tema para que sepa qué requisitos tienen que tener los recibos o facturas que expida el condominio y los de las facturas que se reciban por gastos efectuados. Como cada año los requisitos cambian, el tesorero tiene que ponerse listo con este tema. La Secretaría de Hacienda cuenta con una página de internet y con un número 800 para dar asesorías. También se pueden solicitar citas de orientación.

> **Por seguridad no es conveniente recibir dinero en efectivo. Dice el dicho que "en el arca abierta hasta el más justo peca" y para tranquilidad de todos es mejor que todos los pagos de cuotas se realicen en la cuenta bancaria mediante transferencia, cheque o pago con tarjeta. Asimismo, el tesorero puede hacer los pagos con cheque o transferencia bancaria. Así el manejo de los fondos será transparente.**

Para tener un excelente orden, lleven una carpeta por mes con todos sus comprobantes; formen un archivo con carpetas individuales para cada condómino donde pongan copias de sus pagos y de cualquier otro documento relacionado con el condómino. Tengan siempre la información bien guardada y a la mano por cualquier aclaración.

Si los condóminos no pagan a tiempo las cuotas de mantenimiento y agua se corre el riesgo de que se corte el servicio de agua al condominio, no se puedan realizar las obras de mantenimiento y/o no se cuente con los servicios adecuados de vigilancia, administración, mantenimiento y jardinería, lo que redundaría en perjuicio de todos y en baja plus valía de nuestra propiedad.

Por esta razón se pueden otorgar descuentos por pago anticipado y cargar recargos por pagos atrasados. La asamblea tiene poder para determinar el monto de estos recargos como lo indican los ordenamientos legales.

Todos los condóminos pagan la misma cuota, sean propietarios de terrenos, casas en construcción o casas terminadas ya que las cuotas son para mantenimiento y mejora de las áreas condominales y no tienen nada que ver con las unidades privativas.

El uso de la casa club y/o cualquier beneficio común está supeditado a que el usuario se encuentre al corriente en sus cuotas. Y lo más importante, el derecho a voto en las asambleas depende de esto mismo.

Deudores

Desafortunadamente no todo es vida y dulzura. Hay personas que por una u otra causa no cumplen sus compromisos y aprovechan los beneficios del condominio sin estar al corriente en sus cuotas.

Los diferentes ordenamientos legales dejan bien claro lo que el Administrador puede hacer para ejercer acciones contra los morosos. En opinión de un experto: "Todas las legislaciones sobre condominios en todos los estados de la república contemplan el pago de cuotas ordinarias de mantenimiento y las extraordinarias también. El sustento para la cobranza lo da la ley estatal y no depende de que la federación lo contemple o no. Todas las legislaciones sobre condominios le otorgan facultades al administrador para cobrar a los morosos las cuotas que deban. La autorización viene de la propia ley. Es unánime en todas las legislaciones de los 32 estados esta facultad."[6]

Por ejemplo, en algunos códigos se menciona que las cuotas para gastos comunes que los condóminos no cubran mensualmente, causará interés al tipo bancario o al que fije el Reglamento de Administración. Y en otros se menciona que se puede ejercer acción civil contra los morosos e incluso que, si llegara a ser necesario, el importe del adeudo se puede dividir entre los demás condóminos, aunque desde luego, el moroso tiene que restituir lo que pongan los demás por él.

---

[6] Lic. Roberto Antonio Fagoaga Fuentes

En otros ordenamientos se menciona incluso que el condominio puede pedir la desocupación de los inquilinos de las casas que tengan adeudos.

Las acciones en los diferentes estados son muy similares. Lo importante es saber que **sí hay procedimientos legales** para obligar a pagar a los morosos y la Procuraduría Social de los ayuntamientos o municipios es la encargada de apoyar a los condominios en estos casos.

> **Consulten la ley estatal que corresponda al domicilio del condominio y ejerzan las acciones a las que tienen derecho.**

Al no pagar sus cuotas, los morosos se arriesgan a perder su propiedad en un juicio y que sea rematada a favor del condominio.

Por eso al describir las funciones del Administrador les recomiendo tener un abogado en el comité de finanzas.

Ahora bien, para poder aplicar estas medidas se tiene que contar con el respaldo de un buen control de las cuotas por cobrar que pueda proporcionar los documentos legales que se necesitan al presentar un juicio, como pueden ser las actas de asamblea debidamente protocolizadas que se convierten en el fundamento legal para el cobro y los recibos previos pendientes de pago. He encontrado que esto es lo que más se dificulta.

Se necesita:

- ✓ un buen sistema,
- ✓ actualización constante y cuidado en el registro de las operaciones
- ✓ contar con el archivo correcto y ordenado de las actas de asamblea protocolizadas que fungen como títulos de crédito,
- ✓ archivo de los recibos pendientes de pago,
- ✓ revisión, revisión y revisión.

Desde el inicio del condominio determinen una tasa de recargo razonable que no varíe para que los cálculos de recargo siempre sean los mismos y desde el principio elijan un sistema para el control de pagos de las cuotas de mantenimiento.

Resulta muy difícil implantar un sistema cuando el condominio lleva varios años de funcionamiento pues entonces se tienen que vaciar en el nuevo sistema todos los pagos recibidos en esos años y requiere muchas horas de trabajo.

En el sistema se deben ingresar los datos de cada lote y cada cuota que deba ser pagada para posteriormente registrar su pago y para poder informar a cada condómino cuál es su deuda.

El sistema también debe ser capaz de calcular el importe del adeudo con todo y recargos. Hacerlo de forma individual es laborioso.

Siempre cuenten con un respaldo de toda esta información para que no se pierda cuando se cambie la mesa directiva o el gestor o por una descompostura de la computadora. En los casos de cambio de mesa directiva pongan especial cuidado en que el control de cuotas no sufra interrupciones pues esto provoca grandes problemas.

Por último, pero no por eso menos importante. Para poder cobrar se necesita poder contactar al condómino moroso. Pongan mucha atención a tener siempre su directorio actualizado y guardar, como lo indica la ley, los datos de contacto de dueños anteriores.

Esto es un dolor de cabeza.

Acción:

Desde el principio pongan mucho cuidado en los siguientes puntos:

- Que la empresa fraccionadora entregue al primer administrador los datos de contacto de los compradores originales, que éste mantenga el directorio de condóminos actualizado y que lo entregue a su sucesor.
- Que se ponga un letrero en la puerta del condominio indicando que antes de comprar o rentar el comprador o inquilino verifique que la casa o lote no tiene ningún adeudo.

- Que antes de entregar una carta de no adeudo se verifique si tienen los datos de contacto actualizados del vendedor y soliciten los datos de contacto del comprador.
- Que cada vez que se renta una casa soliciten a la entrada de la mudanza los datos de contacto del nuevo vecino.
- Que de ninguna manera permitan el acceso o salida de mudanzas en caso de condóminos morosos.

Algo muy útil es hacer un formato para solicitar los datos de nuevos inquilinos y nuevos compradores, donde se indique si se trata de condómino residente, condómino inversionista o inquilino, nombre completo, datos de contacto incluyendo calle, número, colonia, ciudad, estado, código postal (si no va a vivir en el condominio), teléfonos fijo y celular, teléfono de oficina y correos electrónicos. Les recomiendo tener a la mano varias copias así cuando se presente algún cambio de inmediato pueden pedir al nuevo condómino o inquilino que les proporcione sus datos de contacto.

Con la información en orden se puede acudir a la Procuraduría Social para solicitar el cumplimiento del adeudo. Para hacer esta petición se deben presentar los datos de contacto del condómino, su estado de cuenta y la documentación que soporta que el condominio está legalmente constituido.

Primero se agota el procedimiento conciliatorio, donde se cita al moroso para que se comprometa a pagar sin necesidad de llegar a juicio. Si esto no funciona, pues se solicita el juicio.

> **Otro recurso para recuperar la cartera vencida es celebrar convenios de pago. En el convenio se especifica el capital adeudado, el importe de los recargos, el número de parcialidades y su importe. Obviamente se puede negociar con el deudor una reducción en el importe de los recargos, pero por justicia para los que pagan puntualmente, les recomiendo que la**

reducción nunca llegue a ser la condonación total de los mismos.

Para formalizar el convenio, éste se debe hacer por escrito y el deudor debe firmar pagarés por el importe de cada mensualidad. A su pago, el administrador entregará al deudor el pagaré que corresponda.

En la parte final les comparto un ejemplo de un convenio.

Información financiera obligatoria

Por ley y porque es lo correcto, el administrador está obligado a presentar a los condóminos información financiera mensual y anual. Los estados financieros más comunes son el balance, el estado de resultados y el reporte de cuentas por cobrar. Estos tres informes no deben faltar en la asamblea ordinaria anual. Mensual o bimestralmente se puede enviar un reporte sencillo de ingresos y egresos. Los ingresos deben incluir todas las cuotas efectivamente pagadas por cualquier concepto y los egresos deben estar justificados con sus comprobantes correctos y clasificados de forma simple y clara.

> *Contar* desde un principio con un buen sistema de contabilidad que refleje de manera clara, transparente y oportuna los movimientos de dinero que haga la mesa directiva es clave para evitar conflictos y favorecer un clima de armonía.

Les recomiendo adquirir un sistema de contabilidad que se use comúnmente para que si cambian de contador no tengan problema, que sean propietarios del software y que cuenten con la o las computadoras necesarias para correrlo. Ah, y algo indispensable, hagan respaldos semanales para no perder información. Algunos sistemas de contabilidad cuentan con módulos de control de cuentas por cobrar.

Otro consejo, cuando den de alta en el sistema la lista de condóminos, indiquen su clasificación, si es casa o terreno o cualquier otra clasificación que les convenga. Así es mucho más fácil analizar los reportes de cuentas por cobrar.

> **En cada cambio de mesa directiva es muy sano mandar a hacer una auditoría contable para que la mesa directiva saliente compruebe su buen manejo y los condóminos se sientan tranquilos.**

PAGO DEL AGUA

Aprendí sobre la marcha los siguientes puntos y para que se eviten quebraderos de cabeza, ténganlos muy en cuenta.

La mayoría de los condominios ya construidos cuentan con un depósito general de agua que da servicio a todo el condominio y está provisto de un macromedidor. La empresa proveedora cobra al condominio el consumo total del agua que se ocupa en el condominio de acuerdo al macromedidor. Los condóminos tienen que contribuir con una aportación individual para cubrir el recibo.

Para poder determinar de la manera más justa y equitativa cuánto le corresponde pagar a cada condómino, los condóminos pueden ponerse de acuerdo para que cada quien instale su micro medidor y cubra al condominio la cuota que le corresponda de acuerdo a la lectura de su medidor. También se deben instalar micro medidores en las tomas que se ocupan para el servicio de áreas comunes. El cobro de las cuotas de agua reviste singular importancia pues el condominio tiene que pagar el total del recibo recaude o no las cuotas particulares y lo tiene que pagar antes de la fecha de su vencimiento. De no hacerlo se corre el riesgo de corte de agua para todo el condominio.

Determinación del consumo de agua de las áreas comunes del condominio y de cada casa

La empresa proveedora toma la lectura mensual del macro medidor y cobra el consumo general de acuerdo a estas lecturas. Las tarifas de agua pueden variar de acuerdo al consumo. Por ejemplo, para determinar el rango de la tarifa a cobrar la CEA divide el consumo total entre el número de lotes que registró la constructora para determinar el consumo promedio por casa y elegir la tarifa que corresponde aplicar. En caso de que el sistema de CEA detecte alguna falla en el macro medidor, el sistema cobra un consumo promedio. Al aumentar el consumo por cualquier razón, aumenta la tarifa.

El sistema más sencillo para determinar cuánto debe pagar cada condómino por cada mes de consumo es el siguiente:

1. La administración del condominio toma la lectura de los micro medidores un día fijo al mes procurando que sea el mismo o cercano al día que la empresa proveedora toma la lectura del macro medidor.
2. De acuerdo a esas lecturas, el administrador realiza el cálculo de cuántos metros cúbicos le corresponden pagar a cada condómino.

El cálculo es sencillo. La primera vez que se toma una lectura el consumo indicado es el inicial y es la base del primer recibo a pagar. El siguiente mes se calcula como sigue:

Lectura nueva *menos* lectura anterior *igual* consumo del mes.

Y así sucesivamente.

Es responsabilidad de cada condómino verificar que su medidor se encuentre en buenas condiciones, así como es responsabilidad de la Administración verificar que los medidores de áreas comunes lo estén. Los medidores tienen una vida útil de cinco años.

3. De acuerdo al recibo del mes, la Administración determina el costo por metro cúbico dividiendo el importe total del recibo entre **la suma de los consumos individuales indicados en las lecturas de los micro medidores**. Una vez determinado el costo por m3, éste se multiplica por el consumo individual y se obtiene la cantidad a pagar.
4. Los condóminos pueden acordar aumentar una cuota por metro cúbico por servicios de administración del consumo de agua y redondear el costo por m3. Esta pequeña aportación es útil para solventar los gastos extra que se generan para llevar a cabo los cálculos, emitir recibos individuales y realizar los cobros. También sirve para pagar las reparaciones de la red hidráulica, limpieza del tanque general, etc.

La suma de los consumos indicados por los micro medidores no coincide exactamente con el consumo global indicado en el recibo. El administrador debe ser muy cuidadoso en que las diferencias entre ambos números no pasen de +-10%. Si las diferencias son grandes es importantísimo verificar que el funcionamiento de macro medidor y micro medidores sea correcto, verificar que no haya fugas en el sistema hidráulico y solicitar la revisión al proveedor del servicio.

Para tener un buen parque de medición en el condominio los medidores deben adquirirse de la mejor calidad posible y ser instalados de manera correcta. Un medidor mal instalado puede tener errores de medición

considerables. En este punto lo barato sale carísimo. La buena medición del consumo de agua es indispensable.

Para llevar el control de consumos y pagos de agua en una hoja de Excel, se puede utilizar el siguiente formato:

FORMATO PARA REGISTRO DE CONSUMOS Y PAGOS AGUA								
PRIMER MES	Cuota por m3	A		SEGUNDO MES	Cuota por m3	B		
LOTE No.	PRIMER MES				SEGUNDO MES			
	CONSUMO DEL MES	IMPORTE	PAGO:	SALDO	Lectura medidor	CONSUMO DEL MES	IMPORTE	PAGO:	SALDO
1	L1=C1	A$*L1=I1	P1	I1-P1=S1	L2	L2-L1=C2	B$*C2=I2	P2	S1+I2-P2
2	L1=C1	A$*L1=I2	P1	I1-P1=S1	L2	L2-L1=C2	B$*C2=I3	P2	S1+I2-P2
3	L1=C1	A$*L1=I3	P1	I1-P1=S1	L2	L2-L1=C2	B$*C2=I4	P2	S1+I2-P2
4	L1=C1	A$*L1=I4	P1	I1-P1=S1	L2	L2-L1=C2	B$*C2=I5	P2	S1+I2-P2
5	L1=C1	A$*L1=I5	P1	I1-P1=S1	L2	L2-L1=C2	B$*C2=I6	P2	S1+I2-P2

Veamos al lote 1. La lectura del primer mes (L1) es el consumo del primer mes (C1). Su importe es el resultado de multiplicar la cuota del mes por el consumo (I1). En la siguiente celda se registra el pago y si no paga se pone 0. El saldo se obtiene de restar I1-P1=S1. Seguimos a la derecha, en la siguiente celda se escribe la lectura del segundo mes (L2), el consumo se determina restando a la lectura segunda (L2) la lectura primera (L1). El importe del segundo mes se obtiene de multiplicar la cuota del segundo mes (B) por el consumo de segundo mes (C2). En la siguiente celda a la derecha se anota el pago hecho por el condómino. Si no pagó el mes anterior, el pago comprenderá los dos meses. El saldo al segundo mes se obtiene sumando el saldo anterior (S1) más el segundo importe (I2) menos el segundo pago (P2). Y así seguiríamos a la derecha. Por favor observen: la cuota del mes la marqué con signo de pesos ($) para que cuando formulen su hoja de Excel y copien las fórmulas del primer renglón a los siguientes renglones, se copie siempre el importe de la cuota.

En la primera columna hacia abajo escribimos los números de todos los lotes y hacia la derecha escribimos los cálculos para cada mes de cada lote.

Por ejemplo.

En la casa 13 su medidor indica un consumo inicial de 20 m3. Si el m3 hubiera resultado en $20, la casa pagaría $400.00. El siguiente mes supongamos que la lectura del micro medidor indica 40. El consumo sería 40-20=20. Supongamos que en este mes el m3 salió a $21.00, el condómino deberá pagar $420.00. Y así sucesivamente.

Un recibo muy complete incluiría los siguientes datos:

- Número de lote
- Mes
- Lectura anterior
- Lectura actual
- Consumo del mes
- Cuota por m3
- Saldo anterior
- Importe del consume del mes
- Pago recibido del mes anterior
- Cantidad a pagar

Sin embargo, hacer esto a mano es laborioso, por lo que una buena opción es enviar solamente avisos del consumo, costo del m3 y la cantidad a pagar.

Los condóminos siempre deben tener en cuenta que la Administración NO representa a la empresa proveedora del servicio de agua. Su labor consiste únicamente en realizar el cálculo de cuánto le corresponde pagar a cada quien y recaudar el dinero para pagar el recibo. Los miembros del consejo también pagan sus cuotas como todos los condóminos. El dinero recolectado está en la cuenta del condominio y se utiliza para el beneficio de todos.

Si la empresa proveedora maneja tarifas variables, éstas se verán reflejadas también en el costo por m3 que determine la administración.

Acción:

Al cabo de unos 6 meses se puede tener una estadística del costo promedio por metro cúbico y determinar una cuota fija para hacer los cálculos de manera más fácil y para que la comprensión del cobro sea más clara para los condóminos.

> **En este punto es fundamental mencionar que del fondo de operación proveniente de cuotas de mantenimiento se financia el pago de las personas que NO pagan su agua.**

La asamblea debe acordar si las cuotas de agua estarán sujetas a los mismos recargos que las cuotas de administración ya que los pagos de agua se deben al condominio, no a la empresa proveedora.

Es indispensable que cada condómino cubra oportunamente sus pagos de agua pues las cuotas de mantenimiento NO tienen como función realizar este financiamiento. Cada una de nuestras familias consume el agua de su casa para beneficio personal y cuando los condóminos no pagan, hacen que los demás paguen su consumo mermando el patrimonio del condominio.

Una buena idea es pedir a los condóminos una cantidad equivalente a su consumo promedio de un mes y formar con estas aportaciones un fondo de ahorro de agua. Así, cuando llega el recibo el pago se realiza de inmediato de este fondo y se repone en cuanto se cobren los consumos particulares.

En este punto vuelvo a recalcar: si la diferencia entre el consumo global indicado en el recibo y la suma del consumo de los micro medidores es muy grande, es necesario revisar la instalación general y el funcionamiento de cada micro medidor para evitar errores en la medición y detectar fugas a tiempo.

Si los condóminos no desean poner micro medidores se puede dividir el importe del recibo de agua entre el total de personas que residen en el condominio y cobrar a cada casa de acuerdo al número de personas que la ocupen. Sin embargo, esto no necesariamente es equitativo pues hay personas que cuidan el agua mucho más que otras.

Lo que definitivamente no es equitativo es dividir el importe del recibo entre el número de casas pues el consumo entre casas varía mucho y los que consumen menos agua acabarían financiando a los que consumen más.

Responsable de la red de distribución de agua del condominio

El administrador debe revisar el contrato de agua celebrado con el proveedor del servicio para ver hasta dónde llega su responsabilidad.

Generalmente la responsabilidad del proveedor termina en el macro medidor colocado a la entrada del tanque general de agua. En este caso el mantenimiento del macro medidor, del tanque y de la red de distribución es responsabilidad del condominio. Esto puede ser requisito para que algunas empresas proveedoras otorguen el permiso de factibilidad para dar el servicio.

El tiempo de vida útil de un macro medidor es de 5 años. Después de ese tiempo la medición puede ser incorrecta. Por eso, el administrador tiene que estar pendiente de cambiarlo al término de los cinco años. El tanque va acumulando sarro e impurezas. Lavarlo cada año garantiza que el agua que se distribuye vaya limpia. También se debe revisar, al menos semestralmente, el estado correcto de funcionamiento de las tuberías.

Las fugas cuestan muy caras. Todos los gastos ocasionados por estos conceptos son a cargo del condominio y se prorratean entre los usuarios.

Observación: Si la CEA es la proveedora del servicio, ésta debe estar enterada y autorizar las obras de mantenimiento y los cambios al macro medidor.

Proceso de individualización de las tomas de agua

El administrador puede solicitar al proveedor de servicios la individualización de las tomas e informarse de los requisitos necesarios para lograrlo.

Por ejemplo, la CEA solicita los siguientes;

- Que por cada lote o casa se entreguen los documentos (de vigencia reciente) que identifican al propietario y acreditan la propiedad.
- Que se nombre un representante que reúna los requisitos de cada lote y solicite los contratos de manera colectiva.
- Que por unanimidad se apruebe en asamblea el deseo de individualizar las tomas de agua.
- Que se presenten los documentos que avalan la constitución legal del condominio y los poderes legales del representante.
- Que se garantice a la CEA el libre acceso al conjunto habitacional.

Les recomiendo consultar con el proveedor del servicio de agua que les corresponda para obtener mayor información ya que esta información puede variar en los diferentes estados y con los distintos proveedores.

En mi experiencia, lo más difícil es lograr recolectar los documentos completos de todos los condóminos para poder hacer la contratación colectiva.

Programa de ahorro de agua

Mientras menos agua se consuma en total, mejores son las tarifas que cobrará el proveedor del servicio.

Implanten un programa constante para fomentar el ahorro en el consumo: premiar con algo simbólico a los que tengan menor consumo, publicarlos en un cuadro de honor, etc.

Debido al pago del consumo por macro medidor, el esfuerzo en el ahorro beneficia a todos y también funciona al revés. Los grandes consumidores perjudican a los demás.

SEGURIDAD EN EL CONDOMINIO

La seguridad es un distintivo especial en los condominios y ésta no puede ser sino el resultado de la cooperación de todos.

LOS CONDÓMINOS

Además de contar con un cuerpo de seguridad, todos y cada uno de los condóminos podemos y debemos contribuir a la seguridad de nosotros mismos y de los demás cuidando los siguientes puntos:

- Haciéndonos responsables de las personas a quienes les autorizamos la entrada, sean familiares o amigos, proveedores, o personal de servicio.
- Poniendo en nuestros autos las calcomanías de identificación del condominio (si las hay) y removiéndolas si vendemos alguna unidad.[7]
- Dando a nuestro personal de servicio una credencial que los identifique como nuestros trabajadores.[8]
- Reportando cualquier anomalía en las casas de los vecinos o vialidades.

---

[7] La Administración puede mandarlas a hacer y repartirlas de acuerdo al número de autos que tenga cada condómino.

[8] Esto es muy fácil. En internet hay muchos ejemplos de credenciales. Se elige un modelo y se les pide a todos los condóminos que lo llenen con el número de lote, foto y nombre de la persona para que el personal doméstico se identifique. La persona entrega su credencial cuando entra al condominio y se le entrega cuando sale.

- Reportando mal comportamiento en áreas condominales.
- Compartiendo datos de contacto con los vecinos.
- Conduciendo con velocidad moderada y en sentido correcto.
- Respetando y haciendo respetar las consignas de seguridad en las que se basa el desempeño de la empresa de seguridad.
- Apoyando al personal de vigilancia en el cumplimiento de sus obligaciones.

La asociación o el administrador no es responsable de las propiedades de los particulares y no responde de ningún daño o robo que puedan sufrir. Las propiedades individuales son de la exclusiva responsabilidad de sus propietarios.

Si su condominio no cuenta con cuerpo de seguridad, de todas maneras se pueden aplicar los principios mencionados, pero en este caso los reportes se realizarían al administrador.

Además, si no se cuenta con un cuerpo de seguridad, los vecinos pueden establecer un programa de vecinos vigilantes. En la página correspondiente del Manual de Seguridad de David Lee se detalla ampliamente cómo establecer este programa.[9]

Hoy en día no debemos pasar por alto estas precauciones ya que los tiempos en que vivimos nos lo exigen.

Recomendaciones para sus hogares:

- Realicen un análisis de riesgos de su propiedad y tomen acciones.
- Cierren sus autos y no dejen cosas de valor dentro de ellos.
- Instalen cerca eléctrica "propia" en áreas vulnerables de sus casas.

---

[9] www.manualdeseguridad.com.mx

- Instalen alarmas y actívenlas cuando no se encuentren en sus domicilios.
- Reporten inmediatamente a vigilancia o al administrador:
  - ✓ Si ven alguna persona ajena al condominio en actitud sospechosa. Por ejemplo, personas espiando por ventanas o sobre las bardas colindantes, o acechando donde hay automóviles estacionados.
  - ✓ Si escuchan ruidos no usuales dentro y/o fuera de algún inmueble.
  - ✓ Si ven a alguna persona saliendo con bienes de alguna casa que sepan que no están sus dueños.
  - ✓ Si ven automóviles, camiones o camionetas deambulando sin destino aparente.
  - ✓ Si ven a cualquier persona o menor que sea introducido a la fuerza en un vehículo.
  - ✓ Personas extrañas sentadas dentro de un automóvil por mucho tiempo o que se detengan a conversar con un menor de edad.
- Reporten a vigilancia si van a ausentarse de su domicilio para que se redoble la vigilancia durante los días que no estén.
- Comuniquen también su ausencia a sus vecinos cercanos para que a su vez puedan reportar a vigilancia cualquier actividad sospechosa.
- Cuando salgan de sus domicilios (aunque no se tarden) cierren bien puertas y ventanas.
- No permitan que sus hijos pequeños abran la puerta a quien toque.
- Aunque ustedes estén dentro de su domicilio mantengan la puerta principal con seguro.
- Pidan a todos los integrantes de la familia y a su servicio doméstico que no den información acerca de sus actividades o las de la familia, ni personal ni telefónicamente.
- Contraten siempre personal, trabajadores, proveedores, etc. altamente recomendados, ya que las estadísticas indican que un número alto de los robos y asaltos a hogares son llevados a cabo por personal que laboró en el domicilio.
- Proporcionen al administrador y/o a Vigilancia los nombres de las personas que laboran en su domicilio y den aviso a cuando den

de baja a alguna para que ya no se le permita la entrada. Los programas de credencialización son muy útiles. En la credencial se incluye la foto y nombre de la persona y el nombre y firma del condómino que se hace responsable de la persona contratada en su casa. Más adelante detallo este punto.

- Cuando tengan una fiesta, proporcionen a Vigilancia la lista de sus invitados. Recuerden que cada uno de nosotros somos responsables de ellos.
- Contraten un seguro para su casa que incluya robo a sus pertenencias. Incluso algunos seguros cubren robos en efectivo.
- Realicen pláticas con su familia sobre los posibles riesgos en su hogar y pónganse de acuerdo sobre qué hacer en cada caso.
- Asistan a talleres de seguridad.
- Tengan a mano el teléfono de emergencia del lugar donde vivan, los teléfonos de sus principales familiares y los de sus vecinos cercanos.
- En la página www.manualdeseguridad.com.mx podrán encontrar más recomendaciones para resguardar la seguridad en su hogar.

Recuerden que lo más importante es no ser blancos fáciles para los amantes de lo ajeno. Mientras más difícil sea el "trabajo" para el ladrón, menos se sentirá atraído a hacerlo.

EL ADMINISTRADOR

Pasos para que el administrador pueda proporcionar al condominio un entorno seguro:

1. Evaluación o diagnóstico del riesgo que enfrenta la comunidad. Junto con una empresa experta en seguridad y pidiendo retroalimentación a los propios condóminos, el administrador evalúa la infraestructura, el equipo y los procesos de seguridad del condominio para identificar sus puntos vulnerables.
2. Plan de acción, incluyendo la elaboración de las consignas de seguridad.
3. Implementación del plan.
4. Información a la comunidad.
5. Evaluación continua de su efectividad mejorando siempre los puntos vulnerables que se encuentren.

El programa de seguridad de cualquier comunidad incluye infraestructura, procesos, asociados y la colaboración de todos los interesados.

Es responsabilidad del administrador la propuesta de la infraestructura, procesos, personal y medios de comunicación necesarios para proporcionar al condominio un entorno seguro.

El modelo de proyectos incluido en este libro es una guía esquemática y fácil de seguir para elaborar un buen plan de acción de seguridad. El modelo los va guiando para analizar:

a. ¿Qué queremos lograr?
b. ¿Para quiénes queremos lograr lo anterior?
c. ¿Qué estrategias nos ayudarán a lograrlo?
d. ¿Quiénes participarán en el plan?
e. ¿Qué recursos necesitaremos?
f. ¿Qué procesos necesitaremos?
g. ¿A quién o quiénes deberemos contratar?

Dentro de esta propuesta los servicios de vigilancia ocupan un lugar primordial por lo que les dedico la siguiente sección.

Servicios de Vigilancia

De acuerdo a las necesidades específicas de cada condominio se pueden contratar diferentes planes con las empresas de vigilancia. Por ejemplo, un esquema es contratar dos guardias en turnos de 12x24, uno para que permanezca siempre en caseta y un rondinero, pero sin olvidar que la seguridad del condominio es responsabilidad de todos. Pueden solicitar a la empresa de seguridad que una patrulla de la empresa efectúe rondines aleatorios de noche y de día.

Siempre verifiquen que la empresa de seguridad contratada cuenta con los permisos legales para ejercer su función.

También se puede instalar una cerca electrificada en toda la periferia del condominio a la cual hay que dar mantenimiento periódico y, si se detecta cualquier falla, repararla de inmediato.

Las funciones principales de los guardias son:

- ✓ Verificar que trabajadores y proveedores que entran al condominio cuentan con la autorización correspondiente de cada condómino y registrar su entrada pidiéndoles sus identificaciones.
- ✓ Revisar mochilas de los mismos cuando entran y salen a pie y/o cajuelas si entran o salen en autos.
- ✓ Pedir la autorización a cada condómino para que entren sus visitas. El comportamiento de las visitas es responsabilidad del visitado.

- ✓ Registrar nombres, horas de entrada y salida de visitas, trabajadores y/o proveedores, incluyendo servicios de emergencia y notificaciones oficiales.
- ✓ Realizar rondines periódicos a pie y en bicicleta para detectar cualquier situación anómala y tomar las medidas necesarias en caso de incidente.
- ✓ Apoyar con la entrega de correspondencia y avisos.
- ✓ Detectar autos que no cumplan con las reglamentaciones viales.
- ✓ Atender asuntos de seguridad en las ocasiones necesarias.

Acerca de los rondines – En el ejemplo mencionado de dos vigilantes de 12x24, un guardia siempre permanece en caseta y el otro realiza los rondines con una frecuencia de 1 rondín mínimo por hora. Si el número de casas o lotes es muy grande en este esquema no se cuenta con un número mayor de guardias que mantengan vigilancia constante sobre todas las áreas del condominio ya que esto representaría un mayor costo. Cabe mencionar que generalmente las empresas de seguridad no cuentan con un seguro por robo a casa-habitación o automóvil (a menos que se compruebe que fue precisamente uno de sus guardias quien lo realizó).

Por esta razón es conveniente que adicionalmente a las medidas anteriormente mencionadas se tomen medidas de seguridad en cada uno de sus hogares para asegurar que sus pertenencias no sufran algún daño y evitar en lo posible cualquier situación desagradable.

Insisto, la Administración del condominio NO puede hacerse responsable por el patrimonio particular de cada uno de los condóminos.

Es obligación del administrador el proporcionar a los condóminos, especialmente a nuevos residentes, el teléfono de vigilancia y, si es posible, tener activado un conmutador. Las empresas telefónicas proporcionan gratuitamente el conmutador virtual si el número de líneas contratadas es considerable. El conmutador virtual incluye llamadas gratis ilimitadas de caseta a casas y entre casa y casa.

Puede solicitar a la empresa de seguridad fechas para dar asesoría gratuita a los domicilios para solicitar la evaluación de las zonas vulnerables de sus casas.

Protocolo de seguridad Junto con la empresa de vigilancia elaboren el protocolo de seguridad que incluya los procedimientos a seguir en cada uno de los casos en que entre una persona al condominio: residentes, trabajadores, proveedores particulares y de servicios generales, visitas particulares, vehículos de emergencia, etc. Incluyan también todos los aspectos en que vigilancia debe apoyar al condominio. Es obligación del administrador supervisar que los vigilantes cumplen con estos protocolos.

Programa de cadena de cámaras de vigilancia Para incrementar la seguridad dentro del condominio sin realizar altas inversiones sobre el presupuesto de gastos de operación se puede invitar a todos los condóminos a contratar cámaras de vigilancia para sus casas y poner una cámara al exterior. Mientras más personas instalen sus cámaras se cubrirán más áreas. Se pueden conseguir buenos precios por compras al mayoreo.

Y les recuerdo, pidan a todos los proveedores constancia de inscripción en el SAT y copia de comprobante de domicilio reciente. Con respecto a las personas contratadas que desarrollarán sus trabajos dentro del condominio pidan que les entreguen copia de su identificación oficial y comprobante de domicilio. Así contarán con la información de contacto siempre que se requiera y podrán localizar al proveedor, aunque ya no trabaje con ustedes. Pidan recomendaciones antes de contratar e incluso pueden pedirles carta de antecedentes no penales.

Si a pesar de todas las precauciones se presenta un hecho delictivo lo que se espera del cuerpo de vigilancia es:

- Que apoye al afectado de manera inmediata proporcionándole la ayuda que sea necesaria. A su solicitud Vigilancia puede llamar a algún servicio médico, a un familiar o a la policía.
- Levantar el reporte, verificando con el afectado que el reporte incluya toda la información y que la persona está de acuerdo con lo escrito.
- Recopilar toda la información posible para que esté disponible a solicitud de las autoridades.

Es muy importante que Vigilancia no toque nada para que no afecte las pruebas que puede obtener la policía.

Ahora bien, puede ser que el afectado decida no hacer la denuncia y solicitar que el administrador en conjunto con el servicio de vigilancia realice una investigación privada. Sin embargo, los cuerpos de seguridad privados no tienen autoridad para realizar investigaciones policiales. El administrador debe guardar una copia del reporte en el archivo del condómino y analizar si a consecuencia de la experiencia vivida hay algún aspecto en el marco general de seguridad que se pueda mejorar. Presentar o no la denuncia es una decisión del afectado.

Si el condominio no cuenta con servicio de vigilancia, la administración puede apoyar como indiqué en los párrafos anteriores y analizar si este incidente da pie para implementar alguna medida de seguridad adicional en beneficio de todos.

El respeto de la Administración y cuerpos de seguridad contratados a la privacidad y derechos de los condóminos es esencial. Por esta razón, el papel de Vigilancia cuando ocurren hechos delictivos se tiene que limitar a apoyar al condómino en primera instancia y posteriormente reunir los datos que se relacionan con el hecho como son los registros de entradas y salidas, reportes de vigilancia de actividades sospechosas, etc. De ninguna manera se puede invadir la privacidad de un condómino ni realizar alguna acción legal sin el consentimiento del afectado.

Como indiqué anteriormente, en el Manual de Seguridad hay muchos más consejos para este tema. Les recomiendo ampliamente su lectura.[10]

Personal Doméstico

Los empleados domésticos constituyen una extensión de la familia y deben ser cuidadosamente seleccionados para no constituir un riesgo. La responsabilidad última de a quién se contrata es totalmente del condómino, pero el administrador del condominio puede apoyar con la credencialización.

Si la asamblea está de acuerdo, a solicitud de los condóminos el administrador puede entregar credenciales foliadas al personal doméstico y llevar un registro de las mismas con el nombre completo de la persona, sus datos de contacto y número de casa donde trabaja. Para asegurar que se trate de la persona correcta el administrador puede solicitar copia de una identificación oficial y de un comprobante de domicilio.

En cualquier caso, la responsabilidad del personal doméstico es del condómino. Por esa razón el condómino debe firmar la credencial responsabilizándose del buen uso de ella y de recogerle la credencial a la persona cuando ya no vaya a seguir prestando sus servicios en la casa indicada.

---

[10] Página www.manualdeseguridad.com.mx

Conducción segura

La decisión de conducir de manera respetuosa y obedeciendo los reglamentos de tránsito interno es una aportación sumamente valiosa para la seguridad de la comunidad.

El administrador puede apoyar este aspecto colocando señalizaciones para apoyar la conducción segura dentro del condominio: límite bajo de velocidad, manejar con precaución, no estacionar estorbando vialidades, ocupar los cajones correctos de estacionamiento, respetar los sentidos de las calles.

Residentes y visitantes tienen que respetar los lineamientos de seguridad y hay que dejar claro que los visitantes son responsabilidad del condómino que autoriza la entrada. Sin embargo, el administrador puede promover la cooperación del visitante incluyendo en el identificador de visitantes los lineamientos básicos permitidos como el límite de velocidad y la circulación en determinado sentido. También los guardias, al dar la bienvenida a los visitantes, pueden indicar las limitantes.

Desafortunadamente hay conductores que NO respetan los lineamientos. Por esta razón los condóminos pueden acordar en asamblea las consecuencias por no obedecer las normas como pueden ser sanciones económicas o, en caso de visitas o proveedores, no volver a permitir la entrada del agresor.

La velocidad permitida de 20 km/hora es excelente. ¿Por qué? Para poder realizar un frenado rápido y en poca distancia en caso de que se cruce en el camino alguna persona o mascota.

La prisa
causa accidentes.

Esto es todavía más importante si el condominio no cuenta con banquetas. En muchos condominios las banquetas son muy pequeñas o prácticamente inexistentes. Esto obliga a que las vialidades sean compartidas por vehículos y peatones.

Los condóminos pueden acordar en asamblea el que sea obligatorio que los constructores construyan su banqueta siguiendo el patrón elegido. Sin embargo, esto resulta mucho más difícil de aplicar si el condominio ya tiene muchas casas construidas.

Dentro de la población de un condominio se cuenta con muchas personas que caminan por las calles: muchos niños (caminando, jugando, en triciclos o bicicletas), personas deportistas y paseantes por lo que cuidar la velocidad es cuidarlos y cuidarnos a nosotros mismos.

La campaña permanente de conducción segura puede incluir recordatorios periódicos, señalizaciones, conferencias, talleres y cualquier otra medida que ayude a crear conciencia de la importancia de cuidar nuestra vida y la de los demás cuando nos encontramos tras el volante.

Visitas

Los condóminos son responsables del comportamiento de sus visitas dentro del condominio. Las visitas también tienen que cumplir con los reglamentos del condominio. Por esta razón tanto la administración como las personas que reciben las visitas pueden facilitarles este cumplimiento informándoles de manera clara lo que se espera de ellos con respecto a los requisitos de acceso y seguimiento de las reglas de conducción dentro del condominio, como el límite de velocidad, los sentidos y lugares de estacionamiento. Mapas indicando sentidos, letreros informativos en el punto de acceso, señalizaciones viales y la propia comunicación de visitado y visitante son de gran ayuda en este punto.

Si el condominio no cuenta con suficientes espacios para el estacionamiento de visitas el administrador puede evaluar si existen espacios desaprovechados que se puedan utilizar para este fin cuidando siempre que no se obstruyan las vialidades. Lo ideal es que el conjunto cuente con suficiente espacio de estacionamiento para las visitas y que todas ellas estacionen en ese espacio. Vigilancia puede apoyar mucho para dar indicaciones.

MASCOTAS

El respeto a los animales habla muy bien acerca de una comunidad, y también lo es el compromiso de sus dueños para mantener las áreas condominales limpias y sin que sus mascotas molesten a los demás. Por esta razón, es indispensable que los propietarios de mascotas saquen a pasear a sus perros con correa y que limpien de inmediato los excrementos que depositen sus mascotas en áreas externas a su propiedad.

Los animales son muy queridos por muchas personas, pero también hay a quien no les gustan. En este sentido la tolerancia y la responsabilidad de unas y otras juegan un papel esencial en la sana convivencia.

Desafortunadamente este punto es otro quebradero de cabeza.

Hay muchos propietarios de mascotas que no les dan la suficiente importancia a los siguientes puntos:

- Salir a correr para hacer ejercicio y llevar a sus perros sin correa puede ocasionar falta de control del animal y que el propietario no se dé cuenta de donde defeca.
- Llevarlos a las vialidades o áreas verdes para que hagan sus necesidades y no recogerlas afecta el bienestar de los demás.
- Soltar a los perros en vialidades o en áreas verdes y no vigilar adecuadamente por si el perro hizo sus necesidades afecta el bienestar de los demás.
- Sacar a sus perros a pasear y no fijarse si los animales defecan en patios o jardines de un vecino afecta el bienestar del vecino.
- Los perros grandes, aunque estén bien domesticados, pueden asustar a los vecinos, sobre todo a los pequeños. Esto afecta el bienestar de los afectados.

El personal de mantenimiento no tiene por qué tener que recoger los desechos y NO ES JUSTO para los demás usuarios de vialidades y áreas verdes que no puedan deambular libremente por el peligro de pisar una suciedad o ser atacados por un animal y menos que los propietarios de unidades privativas tengan que recoger desechos de sus jardines cuando NO tienen mascotas.

Sean muy exigentes desde un inicio e instruyan a Vigilancia para que:

1. Le pida al propietario de la mascota que va suelta que le ponga correa. Si no puede hacerlo que acompañe al usuario a su casa para que guarde su mascota.
2. Indique al propietario cuando vean a un perro suelto para que lo meta a su casa de inmediato. Si el propietario no hace caso, se llame al antirrábico.

3. Levante un reporte si ven algún perro defecando y que su dueño no recoge los desechos.

Una idea excelente que me dio un condómino fue levantar un censo de mascotas y entregar a cada propietario una plaquita de identificación para su mascota con su nombre y número de casa, así si se encuentra algún perro deambulando solo, se puede saber de quién es y llamar al dueño. Si no tiene plaquita se puede llamar al antirrábico para que lo recoja.

La asamblea puede acordar sanciones por infracciones en este aspecto.

Si los propietarios de mascotas son responsables de las mismas contribuyen significativamente al bienestar de la comunidad.

Uso de alberca y casa club

Una alberca y una casa club siempre son atractivos del vivir en condominio. Todos pueden disfrutarlas y el costo de su mantenimiento y mejora se prorratea entre todos.

Para asegurar que la casa club y la alberca siempre se encuentren limpias y en condiciones óptimas, la administración realiza el mantenimiento constante de las mismas. Pero **los condóminos juegan un papel muy valioso al cuidar y proteger las instalaciones en todo momento**, no tirar basura, tapar la alberca cuando se retiren, guardar equipo opcional de la alberca si lo utilizaron, reportar a Vigilancia o al administrador si algo no está funcionando bien para poder arreglarlo y cumplir el reglamento de casa club y alberca. Especialmente, el papel de los condóminos es vital al hacerse responsables si de manera no intencionada ocasionaron un daño a algún bien. La honestidad al realizar esto les será muy apreciada por la comunidad.

En caso de rentar la casa club para eventos, se paga una renta y se realiza un depósito para asegurar la reparación de posibles daños. También se puede rentar la alberca para alguna fiesta, acotando en asamblea las condiciones para su renta.

Para asegurar el buen ambiente dentro del condominio, los usuarios de alberca y casa club se comprometen a NO abusar de bebidas alcohólicas en esas áreas y a evitar comportamientos inadecuados. Los usuarios que no cumplen este compromiso se hacen acreedores a su retiro inmediato por parte del personal de vigilancia y a una multa acordada en asamblea.

Todo condómino debe estar consciente de que el condominio no se puede hacer responsable de accidentes que puedan ocurrir en el área de la alberca. Cada usuario es responsable de su uso.

En la segunda sección de este libro anexo un ejemplo de una propuesta de reglamento de casa club y alberca.

> **Las áreas condominales son parte de nuestra casa y por eso con más razón las debemos cuidar. Es muy agradable que cada condómino que utiliza la casa club o la alberca la deje como la encontró para que el siguiente condómino la disfrute como el primero.**

Con el esfuerzo conjunto del administrador y los condóminos estas áreas siempre serán el deleite de todos.

Nuevas construcciones en el condominio

Cuando se trata de condominios donde hay construcciones el administrador debe exigir que cada constructor (1) **cumpla con el Reglamento de Construcción del condominio y con el Reglamento de Administración**, que son aceptados por cada propietario al comprar su lote, (2) desarrolle su obra de acuerdo al procedimiento de construcción basado en el reglamento y en acuerdos de asamblea (3) durante el tiempo que se realice la obra afecte al mínimo a los que ya habitan el condominio y (4) que no afecte al medio ambiente ni terrenos aledaños.

Por esta razón, **antes de que una persona pueda construir**, el administrador debe verificar que el proyecto cumpla una serie de requisitos que aseguren (a) que los planos del proyecto se encuentran de acuerdo al reglamento, (b) que el constructor cuenta con la licencia municipal de construcción, (c) que instalará de inmediato el micro medidor de agua, y realizará el trámite para el contrato de luz, (d) que la obra contará con basurero e instalaciones sanitarias provisionales (NO LETRINAS), y (e) que el constructor cuenta con el permiso del propietario del terreno aledaño para utilizarlo como apoyo durante la construcción.

> **Es responsabilidad del constructor recoger todo el escombro que genere su obra en el plazo indicado en el reglamento de construcción.**

Si el constructor no cumple con los puntos anteriores, la administración puede tomar acciones correctivas a cargo del fondo de garantía depositado por el constructor y/o recurrir a la autoridad municipal para suspender o clausurar la obra.

La asamblea puede determinar sanciones por infracciones al reglamento de construcción.

Las construcciones deben ser revisadas constantemente. Si un constructor decide comenzar a construir sin las debidas autorizaciones y/o la licencia municipal de construcción, el administrador puede prohibir la entrada a trabajadores, maquinaria y/o equipo de la obra en cuestión y denunciar el hecho al municipio.

Por seguridad de los condóminos, el constructor debe presentar la lista con los nombres completos del personal que trabaja en su obra. Estos trabajadores deben presentar una identificación con fotografía para que se les permita el paso. Vigilancia registra tanto la entrada como la salida de estos trabajadores, y registra las mochilas o bolsas que llevan los trabajadores aleatoriamente.

El constructor debe indicar en la lista si algún trabajador tiene permiso de quedarse por la noche. Al término de cada jornada, vigilancia revisa que hayan salido todos los trabajadores que no cuentan con permiso de quedarse.

Los trabajadores que se quedan deben tener un horario preestablecido para sus entradas y salidas.

Para evitar que se vuele la basura, el constructor se hace responsable de que los trabajadores depositen su basura en el basurero correspondiente, el cual deberá contener tapa y bolsa. Asimismo, se compromete a que los trabajadores realicen la limpieza al término de la labor diaria y llevan la basura doméstica diaria a los contenedores del condominio. En estos contenedores nunca deben depositarse desechos de la construcción.

Para evitar daños en la carpeta asfáltica, el constructor se compromete a no meter máquinas vibradoras y compactadoras, y a no hacer mezclas en la vía pública.

Se sugiere a los constructores contratar un seguro de responsabilidad civil que los apoye en caso de que accidentalmente causen algún desperfecto al condominio o a los vecinos.

El Comité Técnico es el responsable de la vigilancia de las obras y está facultado para ordenar a Vigilancia que no entren los trabajadores de las obras que incurran en alguna falta. Esta es una medida muy efectiva.

Si desde un principio son exigentes con la reglamentación, las personas se acostumbran y hacen las cosas como debe ser.

Si el Reglamento de Construcción no incluye estos puntos, les recomiendo que los agreguen aprobándolos por asamblea.

REGLAMENTOS DEL CONDOMINIO: DEL DICHO AL HECHO

Como en cualquier reglamentación, las leyes son aplicables en la medida que cumplan el objetivo para el que fueron creadas y que su utilidad esté vigente.

Los reglamentos se pueden aplicar en la medida que sus lineamientos sean razonables y que beneficien a la mayoría. Aquí hay que recordar que el vivir en condominio significa acatar los deseos de la mayoría, aunque en algunos aspectos algún condómino no esté de acuerdo.

Los reglamentos internos son un conjunto de normas establecidas inicialmente por el fraccionador para asegurar el buen gobierno y el funcionamiento del condominio [11]. Son reglamentos porque están subordinados a una ley superior como puede ser el Código Urbano

---

[11] The Free Dictionary by Farlex recuperado de
http://es.thefreedictionary.com/reglamento el 12 de julio de 2012

Estatal.[12] Están diseñados para favorecer la convivencia armónica entre los residentes del condominio.

Los reglamentos internos pueden ser modificados por la asamblea de condóminos siempre y cuando no se contravengan las disposiciones del Código Urbano o de los reglamentos municipales.

Para que los reglamentos del condominio se puedan cumplir es necesario que éste cuente con la infraestructura necesaria para que se puedan aplicar y que sus lineamientos correspondan a las necesidades reales de los condóminos. Por ejemplo:

Es conveniente que sea reglamentario:

Tener un libro de registro de condóminos que contenga las enajenaciones de cada lote y datos de contacto de cada propietario...

Debe ser responsabilidad de los condóminos mantener actualizados los datos de sus lotes y dar aviso cuando venden y cuando rentan proporcionar datos completos de los nuevos propietarios, así como de sus inquilinos.

Problema – Muchas veces el administrador se entera que un condómino vendió cuando le habla para cobrarle cuotas y entonces se le informa que ya vendieron y, aunque no lo crean, que no recuerdan a quien y no tienen sus datos. Algunos condóminos cambian sus datos de contacto y no avisan; tampoco proporcionan información de las personas a las que rentan o de los cambios de inquilinos. Asimismo, no entregan a los adquirentes o inquilinos los reglamentos del condominio.

Hecho – Mientras la administración no tenga los datos correctos, el responsable seguirá siendo el condómino inicial.

---

[12] Enciclopedia Jurídica recuperado de http://www.enciclopedia-juridica.biz14.com/d/reglamento/reglamento.htm el 12 de julio de 2012

Es muy conveniente que esté prohibido el deambulantaje de todo tipo de animales en las áreas comunes... en cualquier caso los propietarios deben hacerse responsables de los daños que causen.

Se puede permitir pasear a las mascotas con la limitante de que vayan con correa y que los propietarios sean responsables de los desechos de ellas.

Problema – Hay propietarios que les gusta sacar a pasear a sus mascotas sin correa y, en algunas ocasiones, se olvidan de llevar sus bolsas para recoger los desechos. Se pueden proponer sanciones en asamblea.

El límite máximo de velocidad debe ser de 20 km/hora.

Problema – A pesar del programa constante de conducción segura, hay personas, condóminos o visitantes, que exceden la velocidad. Un padrón de vehículos ayuda a identificar a los infractores. En caso necesario el administrador puede proponer en asamblea instalar reductores de velocidad y determinar sanciones.

Debe ser responsabilidad de los condóminos el adecuado manejo de la basura.

Problema – Hay condóminos que no separan la basura ni la reducen generando basura general excesiva, sobre todo en volumen.

Se podrían poner cámaras en el depósito de basura para detectar a quien no lo hace.

Es absolutamente obligatorio que los condóminos paguen mensualmente su servicio por consumo de agua.

Problema – Hay muchos condóminos que no pagan oportunamente este servicio. Hay que decidir en asamblea qué hacer en estos casos, que no contravenga la ley. Por ejemplo, reducirles el flujo instalando válvulas para este fin.

Las instalaciones deportivas y recreativas son para todos los condóminos al corriente en sus pagos

Problema – Algunos condóminos se quejan cuando no hay suficiente espacio en la casa club o en la alberca, sobre todo cuando hay eventos.

Se puede poner a votación de la asamblea el horario permitido para esto y dejar bien claro también que, si los solicitantes deben algo, aunque sea agua, las instalaciones NOOO se pueden usar.

Al estacionarse, todo residente o visitante debe cuidar NO obstruir la circulación.

Problema – Si el condominio no cuenta con suficientes espacios para visitantes, es necesario buscar alternativas factibles para que se puedan estacionar las visitas.

Todo condómino cuando construya debe respetar el reglamento de construcción.

Problema – Baste mencionar aquí que a algunas personas no les gustan las restricciones del reglamento. Por esto es recomendable poner en la entrada un letrero que indique: "Si vas a comprar y deseas construir, lee el reglamento de construcción. Si no te gustan las limitaciones, no compres."

También se puede exigir fianza o que se firme un pagaré que garantice el cumplimiento.

Dentro de los siguientes 10 días al mes anterior, el administrador debe tener en la oficina el estado de cuentas del condominio, así como una copia del estado de cuenta bancario.

Problema – Los estados de cuenta se retrasan por la dificultad de identificación de depósitos de muchos condóminos y por el retraso del banco en entregar el estado de cuenta.

Recomiendo que antes de abrir la cuenta del banco verifiquen los servicios que ofrece para evitar estos problemas.

La asamblea general ordinaria debe llevarse a cabo una vez al año, o con la frecuencia que indiquen las leyes estatales correspondientes y/o el reglamento interno del condominio.

Las asambleas extraordinarias se llevarán a cabo cuando sea necesario.

Es importante encontrar una fecha en que además de que toda la mesa directiva pueda estar presente, puedan acudir la mayoría de los condóminos. Por ejemplo, al regreso a clases.

He observado que la asistencia a asambleas extraordinarias en época de vacaciones es muy baja.

Para ser miembro del comité de vigilancia debe ser indispensable ser condómino, estar totalmente al corriente en el pago de toda cuota condominal y ser de notoria honradez.

Observación: Estos requisitos se deben hacer extensivos a todos los cargos de la mesa directiva.

Condóminos, ocupantes, inquilinos o cualesquiera otros residentes, administrador o miembros del comité de vigilancia, visitantes... todos deben ser responsables del pago de daños y perjuicios en caso de incumplimiento a alguno de los artículos del reglamento, y el condómino debe ser responsable solidario de los actos de sus dependientes.

Observación: Todos debemos ser responsables de nuestras decisiones y aceptar las consecuencias de nuestros actos. "Si dañas algo, repáralo." Este punto incluye también, por supuesto, el cumplimiento de nuestras obligaciones económicas. La falta de pago de las cuotas perjudica a todos y por eso se cobran recargos.

Muchos condóminos se acercan al consejo cuando, de acuerdo a sus necesidades, necesitan que se aplique una excepción a la regla.

> **Por eso es esencial que antes de comprar en un condominio el interesado lea los reglamentos para determinar si va a ser de su agrado vivir cumpliendo esa reglamentación.**

De acuerdo al desarrollo de la vida del condominio, los condóminos pueden analizar si los reglamentos funcionan adecuadamente para facilitar la vida en armonía o si es necesario acordar en asamblea algunas modificaciones y/o adquirir equipos o sistemas necesarios para su mejor cumplimiento. De esta manera se logrará que el cumplimiento de los reglamentos se realice **por convencimiento** en un ambiente de cordialidad.

Conflictos en el condominio

Es casi imposible que no se presenten conflictos entre condóminos o entre condóminos y administración.

Cada persona ve el mundo a través de un cristal diferente formado por la educación que recibió en casa, por sus experiencias con otras personas, por su edad, por su condición social, por sus creencias, por su preparación académica… por todo ese conjunto de vivencias que hacen de cada ser humano una persona única. Sin embargo, hay algo en lo que todos podemos coincidir y es la disposición para la armonía.[13]

El problema que se presenta en caso de conflicto es que una misma realidad puede ser observada de manera muy diferente por los participantes en el conflicto.

---

[13] El concepto de "disposición para la armonía" lo explica bellamente William Barclay en sus consideraciones a la Epístola de San Pablo a los Filipenses de su libro *Great Themes of the New Testament* y es un concepto admirable que todos podemos hacer nuestro. Sólo basta nuestra voluntad.

El origen del problema nos va a indicar desde un principio si se trata de un problema solucionable de manera objetiva o si es "un caso que depende de las opiniones subjetivas de los participantes". En las organizaciones se identifican como problemas funcionales o disfuncionales.

El problema solucionable es aquél que se origina en alguna molestia real y tiene alternativas de solución que pueden ser aceptadas por ambas partes. El segundo caso es el que se origina por celos, envidia o suposiciones. En este último caso, cualquier solución que se proponga seguramente no convencerá a la persona quejosa. Sin embargo, siempre es recomendable buscar la manera de llegar a una solución.

"Noventa por ciento del tiempo y 90% de las dificultades en conversaciones cruciales se deben a nuestros motivos. Nos sentimos enojados, asustados o lastimados por el comportamiento de otros y nuestros motivos degeneran en querer culpar, estar en lo cierto a como dé lugar, castigar, mantener la paz (a nuestra conveniencia), etc."[14]

> **Así que el consejo es: Piensa en lo que esperas que pase como resultado de la conversación y exprésalo objetivamente con palabras claras y amables. Enfócate en la solución; NO busques culpables.**

---

[14] Traducido de Delivering Top Performance Feedback, by Joseph Grenny, Newsletter from Crucial Skills, November 4, 2015.

Podemos resaltar que lo ideal es resolver un conflicto con una solución ganar-ganar, donde ambas partes queden a gusto con la solución, sobre todo para no generar rencores.

¿Qué se puede hacer en caso de conflictos solucionables?

Como mencionaba en un principio, primero que nada, invitar a las personas en conflicto a hacer un esfuerzo por tener disposición para la armonía. Esto quiere decir estar dispuestos a ponernos en las sandalias de la otra persona y a hacer todo el esfuerzo posible para encontrar una solución que no necesariamente será la que cada persona pedía en un principio.

En la medida de lo posible, el administrador puede resolver muchos conflictos sin enfrentar al quejoso con el causante de la queja. Por ejemplo, si un condómino se queja del ruido excesivo en una casa, el administrador puede llamar a Vigilancia quien pedirá al ruidoso que disminuya el volumen para permitir el descanso de los condóminos vecinos, sin mencionar el origen del reporte.

Si un condómino está obstruyendo la entrada de otra casa, el administrador puede pedir a Vigilancia que pida al dueño del auto que lo mueva de manera que no se obstruya ninguna entrada.

Cualquier queja por faltas al reglamento se puede resolver sin mencionar quién es el que reporta ya que es labor del administrador estar pendiente del cumplimiento de los reglamentos.

Cuando el administrador tiene que enviar mensajes para resolver algún conflicto, seguir *los 3 pasos del acuerdo* funciona maravillosamente.[15]

---

[15] Esto lo aprendí cuando estudié el libro *Padres Eficaz y Técnicamente Preparados* del Dr. Thomas Gordon y se puede aplicar en prácticamente cualquier contexto.

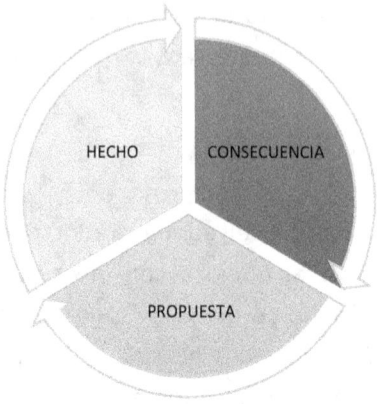

1º. Describir el hecho que molesta de manera totalmente objetiva sin expresiones ofensivas y sin utilizar expresiones TU, como tú eres un abusivo, tú eres un irresponsable. Las expresiones TU predisponen a la otra parte al conflicto, anulan la disposición para la armonía. Y en este punto cabe resaltar que el administrador debe verificar que la queja procede y está fundamentada en información objetiva antes de enviar algún mensaje u ordenar una acción de Vigilancia. Por ejemplo, si recibe una queja de que la vecina A reporta que la vecina B arroja basura a su casa cuando pasa por su jardín, antes de enviar un mensaje a la vecina B indicándole que no lo haga, es importante que el administrador platique con la quejosa para preguntarle si ha visto a la vecina arrojar la basura. Muchas veces las personas actúan o hacen reportes en base a lo que suponen no a hechos objetivos.

Actuar como consecuencia de suposiciones o de opiniones personales puede crear mayores conflictos. En contraposición, aclarar los malos entendidos y proporcionar la información correcta es a veces la mejor solución.

2º. Describir las consecuencias que la persona que reporta ha sufrido a causa del hecho mencionado en el punto anterior. De nuevo, utilizando lenguaje sencillo, claro y no ofensivo.

3º. Proponer soluciones que de preferencia dejen complacidas a las dos partes en conflicto utilizando siempre lenguaje amable y cortés.

Por ejemplo:

> *Estimado condómino:*
>
> *Recibimos un reporte que ayer estuvo tocando música a alto volumen hasta las 4 de la madrugada. (hecho que molestó)*
>
> *El ruido evitó el descanso apropiado de sus vecinos. (consecuencia)*
>
> *Le pedimos su cooperación y apoyo para favorecer el descanso de todos. Si desea escuchar música por favor hágalo con volumen moderado. (propuesta de solución).*

Estos pasos también funcionan de manera excelente cuando un vecino decide platicar personalmente el problema con el otro.

A los condóminos que les gusta resolver sus propios problemas sin recurrir a la administración les recomiendo que además de ir a ver al vecino con disposición para la armonía, vayan dispuestos a escuchar activamente; es decir, estar dispuestos a escuchar el punto de vista de la otra persona con actitud abierta y de aceptación y procurar ponerse en las sandalias del otro para comprender su punto de vista.

Y después, seguir la regla de los 3 pasos del acuerdo.

En todo caso, el lenguaje utilizado es vital. Las palabras claras, objetivas, amables logran abrirse paso más fácil a través del cristal del otro que las ofensas y lenguaje vulgar.

Hablaré más de estos aspectos en la siguiente pregunta.

En el caso de conflictos disfuncionales se pueden ocupar los mismos pasos antes mencionados, pero habrá que tener mayor paciencia y hacer mayor esfuerzo para encontrar una solución.

Y un punto muy valioso, tanto para los condóminos como para la Administración, les recomiendo nunca contestar una agresión con otra agresión. Desafortunadamente no faltan las personas difíciles que siempre están buscando lo peor en cualquier situación. Para tratar con estas personas les recomiendo tener siempre una actitud positiva, no tomar sus quejas en forma personal, escuchar sus quejas y dar retroalimentación siguiendo los tres pasos del acuerdo. En el caso de la Administración, si la queja se origina en información incorrecta, dirigirse a todos los condóminos en general para proponer soluciones a los casos mencionados por el quejoso, o para pedir actitudes positivas evita la personalización de los conflictos. Por ejemplo, imaginemos que un grupo de condóminos se quejan injustamente que la administración se está robando el dinero de las cuotas. La Administración puede enviar un comunicado general que indique que se recibió la solicitud de un grupo de condóminos que no tiene claro en qué o cómo se está gastando el dinero (esto es una descripción objetiva de la queja) y después enumerar el procedimiento que se sigue para hacer los gastos y llevar su registro. El comunicado puede incluir una copia de los últimos estados financieros mensuales.

Otro ejemplo, imaginemos que, a pesar de las medidas de seguridad, hubo un robo en el condominio y un condómino quiere convencer a otros de no pagar las cuotas de mantenimiento porque considera que la responsabilidad del robo recae en la administración y ésta no hizo bien su trabajo. En este caso la administración puede emitir un comunicado explicando ampliamente las medidas de seguridad existentes y recalcando que la administración no puede hacerse responsable por la seguridad individual de cada condómino. Además, puede enumerar los problemas que surgirían si los condóminos dejan de pagar sus cuotas y remarcar que en ese caso todos pierden.

Y ya que toco de nuevo el tema de la seguridad, vuelvo a insistir que mientras más unidos estemos como condóminos y más nos cuidemos unos a otros, mejor seguridad tendremos.

Un clima de armonía

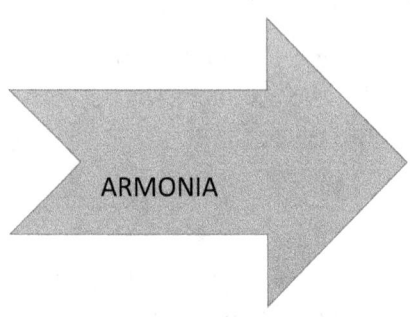

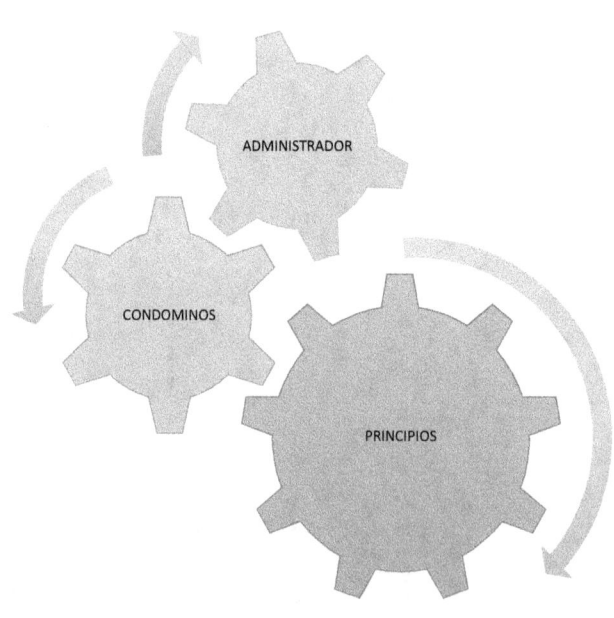

Por parte del administrador

El rol del administrador es pieza clave para fomentar un clima de armonía. En la medida que entregue información clara y oportuna de las finanzas, y de los principales eventos y problemas del condominio; en la medida que se esfuerce por resolver los conflictos de manera positiva, que evite generar enfrentamientos entre condóminos, que facilite la organización de eventos y que esté pendiente de la seguridad y de que todos los servicios se proporcionen adecuadamente... en esa medida estará cooperando para generar paz y tranquilidad en los condóminos.

Cualquier actividad que sirva para que los condóminos se conozcan y pasen tiempo juntos es excelente para formar una comunidad más unida. Por ejemplo, celebrar el Día de Muertos y fiesta de Halloween con una reunión en la casa club y que los niños pasen a pedir dulces. En este punto es muy recomendable repartir hojas para que las personas que deseen cooperar las cuelguen en sus puertas. De esta manera no se molesta a los que no deseen participar. Se puede llevar a cabo una posada; realizar desayunos mensuales; organizar clases (hay muchos condóminos expertos en su área que pueden compartir sus conocimientos); organizar jugadas de dominó u otros juegos de mesa; hacer una parrillada para el día del padre o de la madre, celebrar el día del niño o hacer una noche mexicana.

En fin, todos estos eventos pueden llevarse a cabo con el entusiasmo de todos y el condominio puede cooperar aportando algún insumo como los vasos y platos, o algún entretenimiento, etc.

En el fondo lo único que se necesita es voluntad para participar y llevar al evento toda la buena voluntad para pasar un rato agradable.

Es primordial que el Administrador ejerza un liderazgo participativo invitando y motivando a los condóminos a participar en la vida administrativa del condominio, a través de su colaboración en los diferentes proyectos, en las reuniones y mediante la expresión abierta de sus sugerencias, quejas y opiniones. Es preciso que el administrador tenga siempre en mente que todos los condóminos son propietarios y que su trabajo es implementar las decisiones de la mayoría, animando sobre todo a los que no están de acuerdo, a que vean con buena cara las medidas que no son de su agrado.

Si las ocupaciones de la mesa directiva y de los condóminos lo permiten, se pueden realizar juntas informativas bimestrales o trimestrales con todos los condóminos para obtener el consenso sobre los diferentes temas que preocupan a los mismos guiadas por cuestionarios que contengan los principales puntos a acordar, como explicaba en la hoja de votación, para la aprobación de proyectos específicos que se encuentren dentro de los acuerdos generales tomados en asamblea.

Les sugiero que emitan un boletín mensual donde informen los acuerdos de consejo, la situación financiera del condominio y los sucesos de importancia del mes para que todos estén bien informados de lo que sucede en el condominio.

No es tarea fácil para el administrador o para la mesa directiva y no podemos esperar que las personas a cargo de la administración sean perfectas. Pero el respeto, la colaboración, la responsabilidad por nuestros actos y decisiones, la disposición para la armonía, la tolerancia y una comunicación clara, amable y objetiva pueden hacer milagros para lograr una convivencia armónica.

Lo más importante de los conflictos es que se resuelvan de manera positiva; es decir, llegando a acuerdos.

Por parte de los condóminos

Todos los condóminos tenemos algo en común, elegimos un condominio para vivir en él y al comprar (o rentar) aceptamos los reglamentos del condominio.

> **Por eso es fundamental que antes de comprar, el posible comprador lea los reglamentos y analice si le parecen compatibles con su estilo de vida.**

Yo me he preguntado si cualquier persona puede ser un condómino feliz y la respuesta que encuentro es que no.

Para que una persona pueda vivir felizmente en un condominio tiene que tener ciertas características:

- ✓ Tener pensamiento con disposición para la armonía
- ✓ Ser tolerante ante los diferentes modos de pensar
- ✓ Ser una persona que acepte de buen grado el que existan políticas que todos deben cumplir
- ✓ Ser una persona respetuosa de las personas y bienes ajenos
- ✓ Ser una persona responsable en cuanto a sus obligaciones como condómino
- ✓ Ser el tipo de persona al que le agradan los demás generalmente
- ✓ Estar dispuesto al diálogo
- ✓ Estar dispuesto a apoyar a los demás condóminos
- ✓ Estar dispuesto a participar y apoyar en las decisiones comunes

Yo he observado que los conflictos graves se suscitan porque falta en el condómino alguna de estas características.

> **Está en las manos de cada uno de nosotros actuar en pro de la armonía cumpliendo con los reglamentos, pagando a tiempo, respetando a nuestros vecinos en su persona y propiedades, cuidando nuestras instalaciones, siendo tolerantes, participando en las decisiones, colaborando en todo lo que nos sea posible y, sobre todo, teniendo disposición para la armonía.**

Principios para una convivencia sana:

Vivir en comunidad no es fácil. Y no solamente en condominios, sino formando parte de cualquier grupo social. Pero hay ciertas consideraciones que, si las tomamos en cuenta, nos serán sumamente útiles para formar comunidades armónicas.

Los siguientes principios son elementos básicos del aprendizaje colaborativo[16] y yo los he adaptado a diferentes ambientes. Así es como los veo en relación a las relaciones entre condóminos.

---

[16] *An Overview Of Cooperative Learning*
From: http://www.clcrc.com/pages/overviewpaper.html
Roger T. and David W. Johnson

Interdependencia Positiva

Esto significa que todos los condóminos se dan cuenta que el condominio no puede funcionar adecuadamente a menos que cada uno realice lo que le corresponde. Los esfuerzos de cada condómino son requeridos para el éxito del condominio pues cada uno tiene su contribución única que aportar.

Por ejemplo, si se acuerda separar la basura, cada condómino separa la basura en su casa de la manera acordada y deposita su basura en el contenedor correcto. Así el depósito general de basura siempre estará en orden. Si se hace una comida de cooperación, cada condómino lleva lo que le tocó de manera puntual. Así, el evento será un éxito y alcanzará para todos. Si se tienen calcomanías para identificar los autos de los condóminos, cada condómino coloca las suyas en lugar visible de sus autos y retira la calcomanía si vende el auto. Así, se facilita la identificación por parte de Vigilancia, se agiliza el acceso y se evitan accesos no deseados. Cada condómino paga a tiempo para que se puedan hacer los pagos de gastos comunes. Así, la situación financiera del condominio es sana. Si una persona saca a pasear a su perro, lo lleva con su correa y recoge sus desechos. Así a nadie molesta que haya mascotas en el condominio.

Interacción Motivadora Cara a Cara

Esto significa que los condóminos se apoyan unos a otros compartiendo recursos cuando sea necesario, se apoyan para resolver problemas, comparten conocimientos, habilidades o simplemente charlas.

También significa que en la comunicación entre condóminos utilizan lenguaje claro, objetivo, sin críticas, positivo, cordial, con respeto y comprensión y disposición para la armonía. Todos evitan utilizar mensajes TU (Tú eres esto o lo otro) y en su lugar mencionan los problemas y sugerencias con los tres pasos del acuerdo.

La **comunicación cordial** significa más que palabras positivas, significa también hechos concretos de apoyo, tiempo de calidad dedicado al condominio (desde leer los comunicados con interés hasta participar en la mesa directiva), lenguaje no verbal de cordialidad, participación entusiasta, muestras de agradecimiento a los condóminos por su cooperación, y con esto me refiero al trato entre condóminos, al trato administrador-condóminos y al trato entre los miembros de la mesa directiva.

Esto favorece enormemente la integración de los condóminos como grupo social.

Lo que se espera de mí, a lo que me comprometo

Los condóminos como grupo esperan que cada condómino cumpla su parte de obligaciones y corresponde a cada condómino aceptar el compromiso y ejercerlo con responsabilidad. Cada condómino se da cuenta de lo que se espera de él en el condominio y lo hace con responsabilidad.

Aquí se presenta de nuevo la aceptación voluntaria del compromiso al momento de adquirir el bien. Esto es fundamental.

Responsabilidad de grupo

Esto significa que los condóminos aceptan su responsabilidad individual en las funciones que les corresponde y se dan cuenta que existe una **corresponsabilidad** que deben ejercer como grupo apoyándose unos a otros para que todos cumplan. Por ejemplo, unos a otros se invitan a participar en los programas de seguridad, se apoyan para cumplir sus obligaciones, facilitan que la vida del condominio se realice adecuadamente y están conscientes de los compromisos de grupo como puede ser el pago del agua del macro medidor, el compromiso que tenemos todos con la ecología y el cumplir con los reglamentos y acuerdos tomados por mayoría.

Respondemos cuando la responsabilidad se comparte

Esto es una parte valiosa de la integración.

Habilidades sociales

Esto significa que los condóminos se esfuerzan por fortalecer la confianza mutua, comunicarse adecuadamente con cordialidad, objetividad y respeto, resolver los conflictos de manera positiva, buscar soluciones ganar-ganar, ver los conflictos como oportunidades de mejora, evitar conflictos-disfuncionales.

Consideren también en las habilidades sociales el decir: "¿puedo?" en cualquier situación en que se vean afectados los derechos de otro condómino. Por ejemplo, antes de estacionar mi coche estorbando (por algún caso excepcional), pregunto ¿puedo estacionar aquí un tiempo x? También es un buen detalle avisar al vecino si voy a tener una reunión ruidosa y nunca abusar en su horario para no molestar.

La consideración con el otro es invaluable para vivir un clima de armonía en el condominio, y, sobre todo, nunca contestar una agresión con otra agresión.

Análisis positivo de avances y dificultades

Esto significa que en las asambleas y reuniones los condóminos tienen apertura para discutir los avances y las dificultades que se presentan en un ambiente de cordialidad, **no buscando culpables** sino aprendiendo de la experiencia y con actitud de mejora.

Significa que en el día a día y en las reuniones o asambleas donde se analicen avances y problemas, cada persona pondrá lo mejor de su parte para contribuir a la solución.

> *Sabemos que en nosotros está ser parte de la solución.*

Al eliminar las causas de enojo, eliminamos las quejas y ganamos en armonía. Y algo muy cierto, las mayores sanciones nunca van a ser mejor alternativa que la **buena voluntad** común.

Negociación ganar-ganar

Este punto lo traté con detalle en la sección ¿Cómo resolver los conflictos?

Perdón

Cuando se presenta un conflicto generalmente hay algún condómino que se siente lastimado en su persona, en la de sus familiares o en sus bienes. Una vez resuelto el conflicto y encontrado una buena solución, es necesario perdonar; esforzarse por ponerse en los zapatos del otro para comprender por qué actuó como lo hizo y perdonar. El tiempo no se puede volver atrás ni se puede borrar la causa que dio origen a la queja, pero se puede poner voluntad para que la queja no se repita y se puede perdonar.

El perdón es la gran medicina para la recuperación de la confianza y cordialidad.

No hay un ser humano perfecto y todos en algún momento podemos ofender a otro aun sin proponérnoslo. Entonces, tenemos que estar dispuestos a reconocer cuando nos equivocamos o pudimos haber actuado mejor y a esforzarnos por mejorar en el aspecto que dio origen al conflicto. Y cuando nos toca ser los ofendidos, a comprender y perdonar.

Por favor y gracias

En nuestra vida en el condominio muchas veces haremos solicitudes a los condóminos sobre diferentes asuntos, los invitaremos a participar en algún proyecto, los recibiremos en la asamblea o en alguna reunión informativa, les pediremos apoyo para solucionar algún problema.

Dice el dicho que en el pedir está el dar. Una petición hecha con cortesía y amabilidad tiene muchas más probabilidades de ser atendida que una que utilice lenguaje seco e imperativo.

En otras muchas ocasiones recibiremos el apoyo de los condóminos de maneras diversas: al recibir sus pagos, sus reportes de vigilancia, sus quejas, etc. Los condóminos nos darán su tiempo, sus conocimientos, sus recursos, su entusiasmo, su asistencia, su actitud positiva. sus sugerencias,

En todas esas ocasiones el condómino se está tomando tiempo para participar en las actividades del condominio. Está poniendo su interés en ser una parte importante de la comunidad.

Y cuando lo haga, por favor, denle las gracias.

Con nuestro agradecimiento estamos diciendo: "Reconozco el tiempo y esfuerzo que estás dedicando al condominio"; "me doy cuenta del apoyo que estás brindando a los proyectos de nuestra mesa directiva".

No duden en expresar su agradecimiento y en compartir cuando se sientan felices por alguna noticia. Háganles saber el resultado de su colaboración.

Restricciones en un condominio

El condominio, pensado como ese conjunto de personas que eligen compartir el uso y mantenimiento de los bienes comunales, necesitan reglamentos, procedimientos y acuerdos de asamblea para regir la vida en la comunidad.

> **Los reglamentos se pueden resumir en un solo principio: la consideración con el vecino. "Llevo a cabo las acciones que benefician a mi vecino y evito aquellas que lo pueden molestar o impedir que lleve a cabo sus actividades cotidianas".**

UNA SABIA ELECCIÓN

Desde luego que vale la pena vivir en un condominio.

Los condominios tienen muchas ventajas y todos los condóminos tienen algo que aportar a la comunidad. La suma del esfuerzo de todos hace que los resultados se multipliquen.

Las áreas condominales son de todos, son parte de las casas de cada uno, y somos privilegiados de poder contar con ellas y tener la dicha de compartirlas.

Yo me siento muy contenta de vivir en un condominio. He hecho amistades excelentes y disfruto de la tranquilidad y seguridad que da el vivir en una comunidad cerrada. También es muy agradable disfrutar los espacios verdes comunes y saber que no tengo que pagar sola todo el mantenimiento. La cooperación de todos hace posible que todos gocemos las zonas comunales y son espacios muy agradables de convivencia.

Otro aspecto que me ha agradado mucho es que me di cuenta del impacto que pueden tener los condominios como grupo para cooperar al bienestar del planeta. Al compartir acciones conjuntas de cuidado de agua, energía y manejo adecuado de la basura, al respetar el medio ambiente en todos los aspectos posibles el esfuerzo de cada uno se multiplica en beneficio de todos y cada uno de los que habitamos este hermoso planeta donde nos toca vivir.

Como administradora me he dado plena cuenta de que las buenas prácticas de administración son aplicables en este rubro y se ven resultados inmediatos.

Mi mayor deseo es que el buen ejemplo de muchos invite a los menos que no asumen sus responsabilidades para que se den cuenta de la maravilla del efecto multiplicador de las buenas acciones conjuntas.

En la siguiente sección les doy algunos ejemplos con ideas para que escriban sus propios formatos.

Como mencioné al principio, espero sinceramente que esta lectura redunde en mayor bienestar para su vida en condominio.

Anexos

Ejemplo de un procedimiento para incluir en el Manual de Operaciones

Condominio Las Casas Felices

Uso de distintivos en los vehículos propiedad de los condóminos

1 **Propósito**
    1.1.   Contar con un medio de identificación de los vehículos propiedad de los condóminos y de sus familiares para la seguridad de los mismos.

2 **Alcance**
    2.1.   Administrador
    2.2.   Personal de vigilancia
    2.3.   Condóminos
    2.4.   Familiares de condóminos

3 **Definiciones**
    3.1.   Administrador: Persona física o moral encargada de la administración del condominio
    3.2.   Personal de vigilancia: Toda persona que contrate el administrador de manera temporal o permanente para salvaguardar la seguridad de los habitantes y de los bienes de condominio.

3.3. Condóminos: Toda persona que sea propietaria de un lote en el condominio y/o que resida en el mismo con la autorización del propietario del mismo.

3.4. Familiares de condóminos: Todo familiar de condómino que no es propietario, pero acude al condominio de manera muy frecuente.

3.5. Distintivo: Calcomanía circular foliada de 4 cm de diámetro de colores fosforescentes que se pega en la parte interna del parabrisas delantero en su extremo superior izquierdo.

4 Responsabilidades

4.1. Es responsabilidad del administrador elaborar los distintivos cada año, entregarlos a los condóminos, llevar un registro de a quien se le entregan, recibir los reportes por las faltas al reglamento de administración en referencia a la conducción de vehículos que porten el distintivo, y enviar las amonestaciones correspondientes.

4.2. Es responsabilidad del personal de vigilancia de caseta permitir el acceso y salida rápidas de los vehículos que porten el distintivo, así como la observación y reporte al administrador de los vehículos que presenten alguna violación al reglamento de administración en referencia a la conducción de vehículos.

4.3. Es responsabilidad de los condóminos el buen uso de sus distintivos y de los que entreguen a sus familiares. Asimismo, es su responsabilidad respetar el reglamento de administración en referencia a la conducción de vehículos dentro del área condominal.

4.4. Es responsabilidad de los condóminos y de sus familiares retirar la calcomanía de sus autos al momento de venderlos.

4.5. Es responsabilidad de los condóminos propietarios de los lotes verificar que sus arrendatarios, en su caso, cumplan con el presente procedimiento.

5   **Políticas Generales**
- 5.1. Todo vehículo propiedad de los condóminos y/o de sus familiares deberá portar el distintivo para su rápida identificación por parte de los vigilantes.
- 5.2. Los condóminos cuyos vehículos no posean el distintivo serán detenidos en caseta y se procederá a su registro como visitantes o proveedores de servicios.

6   **Desarrollo**
- 6.1. Los vigilantes verificarán el distintivo a la entrada y salida del vehículo de la unidad condominal y permitirán su tránsito rápido.
- 6.2. Si entra un vehículo sin calcomanía que sea propiedad de un condómino, el vigilante le solicitará su identificación como si se tratara de un visitante y verificará que se trata de un condómino. Le permitirá el paso sin que sea necesario que deje su identificación. Lo invitará a recoger su calcomanía a la brevedad.
- 6.3. En caso necesario, los vigilantes reportarán al administrador las faltas observadas al reglamento de administración por vehículos que porten el distintivo en referencia a su conducción dentro del área condominal.

Ejemplo de un Acta de Asamblea

Acta de asamblea del condominio _____ celebrada en _____ el día ____ del mes de _____ del año de _____.

En la ciudad de _____, siendo las _____ horas _____ minutos del día _____ de _____ del año de _____, se reunieron los propietarios de las unidades privativas del Condominio _____, en el salón _____, ubicado en _____ (indicar dirección completa), por virtud de convocatoria publicada en tiempo y forma en el DIARIO DE _____ con base en los artículos de reglamento administrativo _____ y los artículos _____ de la (ley que corresponda) con la finalidad de desahogar la siguiente:

ORDEN DEL DIA

1.- Lista de Asistencia.

2.- Nombramiento de Escrutadores y Moderador.

3.- Informe por parte del Presidente del Comité de Vigilancia.

4.- Informe Financiero por parte de _____

5.- Tema x

6.- Tema x

7.- Tema x

8.- Asuntos Generales.

DESARROLLO DE LA ASAMBLEA

1.- Apertura de la Asamblea por _____ (nombre completo) en su calidad de Administradora, quien la declara oficialmente constituida en tercera convocatoria con un total de _____ (número) condóminos asistentes y una vez consultada la asamblea se procedió a nombrar al presidente de la Asamblea, al secretario, al moderador y a los dos escrutadores. Se propuso a _____ (nombres y número de lote). Una vez instalada la mesa directiva de la asamblea, la administradora cedió la conducción de la misma al presidente de la Asamblea, _____ (nombre completo).

Y así se sigue relatando punto por punto. Al final:

Agotados los puntos de la orden del día se da por terminada dicha asamblea a las _____ nombrando como delegado para protocolizar el acta de esta asamblea al Sr. o Sra. _____ (nombre completo y número de lote en su caso) quien acepta su encomienda.

Firmas, nombres completos y números de lote del presidente de la asamblea, secretario y escrutadores.

Ejemplo de Reglamento Para Uso De La Casa Club

1. La casa club será utilizada por los condóminos sin costo para:
   - Reuniones familiares (máximo de 15 personas y sin derecho de exclusividad)
   - Dar y recibir clases
   - Reuniones formales de vecinos
   - Reuniones informales de vecinos

Esto no exime al condómino responsable del evento de la reparación de daños ocasionados por los asistentes.

2. En caso de solicitar en renta la casa club para celebrar un evento, solamente podrán rentar los condóminos que estén al corriente en sus pagos.

3. En caso de que el condómino solicite la casa club para dar o recibir una clase para beneficio de los condóminos:
   - Deberá estar al corriente en sus pagos y mantenerse al corriente durante el tiempo que se ofrezca la clase. En caso contrario se le suspenderá el derecho de utilizar la casa club.
   - No tendrá que cubrir cuota alguna, en la inteligencia de que los asistentes serán primordialmente condóminos o familiares de los mismos.
   - Firmará una carta responsabilizándose de su buen uso y comprometiéndose a reparar o pagar la reparación del daño causado, si lo hubiere, de manera inmediata.
   - Se hará responsable del comportamiento de los asistentes y de autorizar su entrada en caso de no residentes.

- De ninguna manera podrá incluir en las clases a personas desconocidas, como en el caso de reuniones de venta.

4. La persona que realice un evento en la casa club se compromete a:
   - Estar presente en su evento.
   - Responsabilizarse por el buen uso de ella y por su limpieza.
   - Solicitar a la Administración su uso con un mínimo de 48 horas de anticipación.
   - Firmar carta responsiva
   - Pagar la cuota correspondiente de renta y una cantidad adicional en caso de utilizar inflable.
   - Realizar un depósito en garantía, que podrá ser en cheque, que será reembolsado una vez pasado el evento en caso de que no haya ningún desperfecto dentro de las instalaciones.
   - Las cuotas se aplicarán de acuerdo a lo que se establezca en asamblea.

5. Los eventos podrán llevarse a cabo de lunes a viernes en horario matutino o vespertino.

6. Los eventos tendrán como horario limite las 12 de la noche, siempre y cuando:
   - No se moleste a los vecinos
   - El sonido sea moderado

7. El que realiza el evento deberá proporcionar a Vigilancia una lista de sus invitados <u>un día antes</u> del evento para permitirles el acceso. Si no se proporciona la lista, Vigilancia deberá anunciar a cada invitado y de ninguna manera se permitirá el acceso sin autorización del condómino.

8. Los autos de los invitados NO deberán estorbar las vialidades.

9. En caso de no cumplir estos lineamientos, los asistentes se harán acreedores a su retiro inmediato por parte de vigilancia y no se les devolverá su depósito. Además, deberán pagar la sanción o sanciones aprobadas por la Mesa Directiva o por asamblea.

Ejemplo de Reglamento Para Uso De La Alberca

1. La alberca es para uso exclusivo de los condóminos y de sus invitados.
2. Cada condómino podrá llevar a la alberca hasta 6 invitados.
3. Solamente podrán utilizar la alberca los condóminos que estén al corriente en sus cuotas.
4. Todos los usuarios deberán portar traje de baño.
5. Para cuidar la limpieza de la alberca se prohíbe terminantemente arrojar basura de cualquier tipo a ella o meterse con ropa.
6. Para proteger a los usuarios de la alberca no se permite el consumo de bebidas alcohólicas en esta área ni el uso de recipientes de cristal que se puedan romper.
7. Se pide mantener un clima de respeto a los asistentes y evitar juegos que pongan en peligro a los mismos.
8. En caso de renta, los lineamientos son los mismos que para la renta de la casa club, pero con la tarifa que se acuerde en asamblea.
9. La responsabilidad en el uso de la alberca es exclusiva de los usuarios y es responsabilidad de los condóminos responder por el buen comportamiento de sus invitados.
10. Para evitar accidentes no se permite el uso de la alberca a niños sin la supervisión de un adulto.
11. En cualquier caso, el condominio no se hace responsable de cualquier accidente que pueda ocurrir en el área de la alberca.

12. El condómino que rente la alberca deberá acatar tanto los lineamientos de casa club como los de la alberca.

Ejemplo de las principales cuentas de un catálogo que facilita el control de la información

1. Cuenta de Bancos (Cuenta de Activo)
    1.1   Subcuenta de Fondo de Operación
    1.2   Subcuenta de Fondo de Reserva
    1.3   Subcuenta de Depósitos en Garantía
    1.4   Subcuenta de Mejoras
    1.5   Subcuenta de Agua

En esta cuenta se registran las entradas de dinero. Las subcuentas sirven para tener mejor control de cada fondo. Aunque contablemente esto no es común, tener estas subcuentas ayuda a controlar cuidadosamente cada fondo.

2. Cuenta de Fondo de reserva (Cuenta de Pasivo)

Lo que registramos en el debe en Bancos-Fondo de Reserva, lo registramos en el haber de esta cuenta.

3. Cuenta de Depósitos en garantía (Cuenta de Pasivo)

Lo que registramos en el debe de Bancos-Depósitos en Garantía, lo registramos en el haber de esta cuenta.

Estas dos cuentas de Pasivo: Fondo de reserva y Depósitos en garantía nos van a indicar el dinero del cual no se puede disponer para gastos pues realmente son fondos en custodia.

4. Ingresos (Cuenta de Capital)
    4.1   Subcuenta Ingresos por Mantenimiento

4.2   Subcuenta Ingresos para Mejoras
4.3   Subcuenta Ingresos para Pagos de Agua

Lo que registramos en el debe de Bancos-Fondo de Operación, lo registramos en el haber de Ingresos por Mantenimiento y de manera similar las otras dos subcuentas. Bancos-Fondo de Mejoras es el debe y subcuenta Ingresos para Mejoras es el haber; Bancos-Fondo de Agua es el debe y la subcuenta Ingresos para Pagos de Agua es el haber.

Si es necesario de igual manera agregamos Bancos-Fondo de Construcción e Ingresos-subcuenta Ingresos para Revisión de Planos.

5. Activo fijo (Cuenta de activo)
5.1   Activos áreas comunes
5.2   Activos de seguridad y vigilancia

6. Gastos de Administración (Cuenta de Capital)
6.1   Asambleas
6.2   Honorarios administración
6.3   Honorarios contabilidad
6.4   Honorarios asesoría legal
6.5   Suministros de oficina

7. Gastos de áreas comunes
7.1   Mantenimiento alumbrado público y vialidades
7.2   Mantenimiento casa club y alberca
7.3   Mantenimiento y servicios técnicos de jardinería
7.4   Agua de riego (si procede)
7.5   Limpieza terrenos (en su caso)
7.6   Gastos varios de mantenimiento general (no incluidos en los anteriores)

8. Gastos de Supervisión Construcciones
8.1   Revisión de planos

9. Gastos por Servicios
9.1 Agua
9.2 Recolección de basura
9.3 Fumigación
9.4 Luz
9.5 Teléfono caseta y oficina

10. Gastos de Seguridad
10.1 Honorarios servicios de seguridad
10.2 Suministros
10.3 Mantenimiento de equipos de seguridad

11. Proyectos de mejora
11.1 x
11.2 x
11.3 x

Ejemplo de un Convenio de Pago

CONDOMINIO LAS CASAS FELICES

CONVENIO DE PAGO
FECHA (ESCRIBIR LA FECHA EN ESTE ESPACIO)

Antes de celebrar el convenio prepara la siguiente información:

Capital adeudado	Cantidad A
Recargos	Cantidad B
Descuento en recargos	Cantidad C
Total a pagar	Suma de A+B+C
Número de pagos mensuales	Número de meses en que se liquidará el adeudo
Fecha primer pago	Escribir fecha
Importe de cada mensualidad	Indicar el importe con número y Letra

Detalle de los pagos que se adeudan:
ESCRIBIR UNO POR UNO CADA CONCEPTO QUE SE DEBE E INCLUIR UNA LINEA CON LOS RECARGOS.

Con esta información llena el siguiente formato:

CONVENIO DE PAGO

Que celebran por una parte la Administración del Condominio (nombre completo del condominio o su asociación) representada por (nombre completo del apoderado legal), apoderado legal del condominio y por la otra (nombre completo del propietario del predio o predios), propietario de los predios (número del o los predios) ubicados en (dirección completa del condominio).

PRIMERA: Manifiesta el (nombre completo del propietario), tener pleno conocimiento de que tiene un adeudo de (total del adeudo con número y letra) por concepto de cuotas de mantenimiento, extraordinarias y accesorias a favor del (nombre completo del condominio o su asociación).

SEGUNDA. Manifiesta el (nombre completo del propietario), solicitar un convenio de pago y que a partir de la firma del presente convenio quede suspendida la aplicación de recargos adicionales a los que ya se generaron.

TERCERA: Manifiesta la Administración (nombre completo del condominio o su asociación) que acepta lo indicado en la cláusula anterior y que el propietario deberá cubrir el adeudo en (número de pagos con número y letra) pagos mensuales de (importe del pago mensual con número y letra) quedando las siguientes fechas de pago: 1er pago (fecha completa), 2º pago (fecha completa) y así sucesivamente.

CUARTA: Manifiesta la Administración que con los pagos antes mencionados se estarán cubriendo los adeudos correspondientes a (detalle de cada adeudo pendiente y los respectivos recargos) del predio o predios (número de los mismos) sobre los que se otorga un descuento en recargos del (porcentaje de descuento).

QUINTA: Convienen ambas partes de que en caso de falta de pago de una mensualidad este convenio se dará por cancelado por lo que será nulo el descuento otorgado y la suspensión del cálculo de recargos; las mensualidades pagadas se abonarán al adeudo aplicando primero las mismas a los adeudos más antiguos.

SEXTA: Se celebra el presente convenio en esta ciudad de (nombre de la ciudad), a los (número del día) días del mes de (nombre del mes) del año (número del año). Lo firman las partes que intervinieron en señal de aceptación del presente convenio en cada una de sus partes.

Nombre completo, cargo y firma del apoderado legal, propietario y dos testigos, de preferencia miembros de la mesa directiva en funciones.

ACERCA DEL AUTOR

Gloria M Fagoaga estudió la licenciatura en Administración de Empresas en la UNAM y la Maestría en Administración con especialización en Relaciones Internacionales en el Instituto Tecnológico y de Estudios Superiores de Monterrey.

Ha ejercido funciones administrativas y de consulta en pequeñas empresas y se ha desempeñado como catedrática de diversas materias de negocios en instituciones educativas de nivel superior como el ITESM y la Universidad Anáhuac.

Desde 2007 se ha dedicado además a la administración de condominios, como participante de mesas directivas o como consultora en varios condominios.

Por su desarrollo docente ha participado en diversos cursos que le han permitido contar con una base pedagógica que ha sido el complemento perfecto en sus labores profesionales.

www.ingramcontent.com/pod-product-compliance
Lightning Source LLC
Chambersburg PA
CBHW060837220526
45466CB00003B/1136